Pāramitāsamāsa

바라밀다
가르침의 요약

본 불교연구총서는 사단법인 불교학연구지원사업회에서 추진하는 교육불사의 일환으로 불교학의 학문적 발전을 위한 시도로 기획된 것입니다. 사단법인 불교학연구지원사업회는 불교를 연구하는 소장학자를 위해 스님들과 신도들이 뜻을 한데 모아 설립한 단체입니다.

불교연구총서 ㉒

Pāramitāsamāsa

바라밀다 가르침의 요약

아리야슈라 지음
방정란 옮김

씨아이알

नमो बुद्धाय

namo buddhāya

부처님께 귀의합니다.

역자 서문

역자가 십수 년 전 북인도 및 네팔 지역에서 제작된 산스크리트 사본 연구에 흥미를 갖게 된 것은, 낯선 글자들을 띄엄띄엄 읽어 나가는 노력이 마치 옛 필사가가 한 글자 한 글자 정성스레 눌러 쓴 마음을 발견하는 일처럼 느껴졌기 때문이었던 듯합니다. 간혹 산스크리트 사본을 읽는 일이 현재와 고대를 연결하는 행위처럼 여겨졌던 순간들은 사본 여백에 적힌 추가 구문이나 교정들, 또는 구절이나 단어 위에 붉게 칠해 놓은 주서(朱書) 등을 살필 때였습니다. 도서관에서 무심코 집어 든 책에서 누군가 쳐 놓은 밑줄과 메모를 발견하고, 당시 밑줄을 치던 사람의 마음을 가늠해 보게 되는 일과 비슷하게 느껴졌을지도 모릅니다.

인도 북동부에 위치했던 비크라마쉴라(Vikramaśīla) 사원대학은 날란다 승원과 더불어 인도불교의 중흥기를 이끌었습니다. 8세기부터 13세기에 이르기까지 융성했던 팔라(Pāla) 왕조의 강력한 후원 아래, 이 승원대학에서 당대의 뛰어난 학승들이 세대를 거쳐 가르침을 펼쳤습니다. 이슬람 세력의 파괴로 지금은 그 위용을 볼 수 없지만, 현재까지도 스투파들과 인도불교의 중요한 문헌들을 필사하고 보관했던 도서관 자리로 추정되는 건물터 등이 여전히 남아 있습니다.

역자가 독일 함부르크대학 사본 연구소 소속으로 박사학위 연구를 하던 중, 잠시 곁눈질을 하면서 이 비크라마쉴라 승원대학의 소장품이었을 것으로 추정되는 사본들을 찾는 일에 열중했던 적이 있었습니다. 그때 패엽(palm-leaf)의 크기, 텍스트 배치 방식, 특히 서체의 독특성을 기준으로 비크라마쉴라 승원에서 제작된 것으로 묶을 수 있는 사본들의 목록을 작성해 보고자 했는데, 바로 그때 본서의 원문인 *Pāramitāsamāsa*의 사본을 처음 만나게 되었습니다. 이 사본들은 인도의 여타 지역에서 만들어진 것들과 비교해도 여러 부분에서 숙련된 결과물임을 짐작하게 했습니다. 장인의 솜씨로 만들어진 가로가 긴 패엽 사본에는 정교하고 정확한 내용이 필사되어 있었으며, 특히 서체가 아름다웠습니다.

이렇게 사본의 외향적인 부분만을 살피고 금세 폴더 속에 넣어 두었던 이 사본의 이미지 파일들을 우연히 다시 꺼내 읽으며, 10장 남짓한 사본 속에 훨씬 더 반짝이는 보석이 담겨 있었다는 것을 깨닫게 된 것은 한참 후의 일이었습니다. 문헌에 관심을 갖고 연구 결과들을 찾아보니, 이미 몇 차례 비판 교정본이 제작되었음을 알게 되었습니다. 이전의 중요한 연구 성과들과 비교하며 이 문헌을 읽어 나가면서 새롭게 재교정본을 만들고 번역 작업을 해보고 싶은 생각이 피어올랐습니다. 그러던 와중에 감사하게도 2018년 불교 소장학자 번역 지원사업을 통해 본격적으로 작업을 할 기회를 얻게 되었습니다.

시작의 포부는 원대했습니다. 산스크리트에 관심 있는 독자에게 원문의 이해를 돕는 해설을 덧붙이면서도 읽기 편한 매끄러운 한글 번역을 하고자 했습니다. 하지만 점차 그러한 일이 역자의 역량에 비추어 얼마나 요원한 것인지를 깨달았습니다. 그리하여 초벌 번역에 들어있던 범어 구문에 대한 분석 해설이나 문헌학적 질문, 각종 불교 용어의 원문 출처, 시 속에 나타난 비유에 대한 수사학적 설명 등 장황한 내용을 지우고 또 지웠습니다. 그러나 짧게 쓰지 못해 길게 쓴다는 마크 트웨인의 고백처럼, 분명 아직도 덜어낼 것이 있는 결과물이라는 점을 고백하지 않을 수 없습니다.

대신 부족한 번역 속에서도 원문이 주는 귀중한 가르침이 독자들에게 조금이라도 전달될 수 있기를 바랍니다. 더불어 산스크리트 문헌을 직접 읽고

자 하는 이들에게 본 번역이 각자의 선명한 이해로 나아가기 위한 든든한 발판이 될 수 있기를 소망합니다.

이 책이 만들어지기까지 주기적인 강독을 함께 해준 류현정 박사님과 최지연 박사님, 바쁘신 와중에도 책의 방향을 잡는 데 조언을 아끼지 않아주신 김성철 교수님과 황순일 교수님, 그리고 불교 소장학자 지원사업에 힘써 주셨던 (사)불교학연구지원사업회 법상스님과 김종환 선생님께 깊은 감사의 인사를 드립니다. 더불어 빡빡한 일정 속에서도 이 책이 출판될 수 있도록 도와주신 씨아이알의 신은미 팀장님을 비롯한 모든 관계자분들께도 감사드립니다.

방 정 란

차례

역자 서문 _ vii

Pāramitāsamāsa 소개 • 1

제1장 보시바라밀다 가르침의 요약 • 13
Dānapāramitā-samāsa

제2장 지계바라밀다 가르침의 요약 • 51
Śīlapāramitā-samāsa

제3장 인욕바라밀다 가르침의 요약 • 89
Kṣāntipāramitā-samāsa

제4장 정진바라밀다 가르침의 요약 • 115
Vīryapāramitā-samāsa

제5장 선정바라밀다 가르침의 요약 • 141
Dhyānapāramitā-samāsa

제6장 반야바라밀다 가르침의 요약 • 185
Prajñāpāramitā-samāsa

참고문헌 _ 232

Pāramitāsamāsa 소개

Pāramitāsamāsa 소개

❀ 작품 소개

아리야슈라(Āryaśūra)의 『파라미타사마사(Pāramitāsamāsa)』([여섯 가지] 바라밀다[가르침의] 압축적인 해설(略說), 이후 '바라밀다 가르침의 요약'으로 통칭)는 보시(dāna), 지계(śīla), 인욕(kṣānti), 정진(vīrya), 선정(dhyāna), 지혜(prajñā)의 여섯 가지 바라밀다(ṣaṭ-pāramitā)를 각 장의 주제로 하는 여섯 개의 장(章parccheda)으로 이루어진 산스크리트 불교 문학 작품이다. 이 작품은 보살의 수행을 대표하는 육바라밀다를 핵심적으로 다룬다는 측면에서 교설적으로도 흥미로운 자료지만, 이와 동시에 정교한 운문 형식으로 쓰였기 때문에 문학적 측면에서도 연구되고 탐독할 만한 작품이라 할 수 있다. 현재까지 보고된 바로는, 네팔-독일 사본 보존 프로젝트(The Nepal- German Manuscript Preservation Project, 이후 NGMPP로 약칭)에 보고된 한 개의 산스크리트 사본(A 39-2)만을 통해서만 작품 전체가 전해지고 있다. 최근 일본 학자 구도(工藤, Kudo 2013b)에 의해 길기트 사본의 단편(한 엽, fragment)이 발견되어 연구되었는데, 이는 이 문헌이 꽤 광범위한 지역에서 유통되었음을 보여준다. 더욱이 이 길기트 사본은 기존 네팔 사본에 비해 연대가 5세기 이상 앞서는 자료이기에, 본 문헌의 성립과 유통이 8세기 이전에 이미 이루어지고 있었음을 입증하는 귀중한 자료이기도 하다.

❀ 현존 사본

본 문헌을 전하는 유일한 산스크리트 사본(unicus codicum)은 네팔-독일 사본 카탈로그 보존 프로젝트(The Nepalese-German Manuscript Cataloguing Project, 약칭 NGMCP)를 통해 접근할 수 있으며, 이 사본에 대한 기본정보는 다음과 같다.

- 서체 : 초기 벵갈리 서체(Proto-Bengalī)
- 재질 : 패엽(palm-leaf) 사본
- 크기 : 57 × 5.5 cm
- 보관 장소 : 네팔 카트만두 국립 기록보관소(National Archives, Kathmandu, Nepal)

NGMPP A39-2 (= NAK5-145)

이 문헌을 완전하게 전하는 고(古) 패엽 사본(NGMPP A 39-2)은 제작 연대를 명시하는 콜로폰(colophon, 刊記)이 부재하여, 사본의 재질과 서체 등을 통해 연대를 추정할 수밖에 없다. 1986년 편집본을 출간한 캐럴 메도우(Carol Meadows)는 문헌학자들의 자문을 받아 이 사본을 13~14세기경의 것으로 추정하였으나, 북인도와 네팔 지역 제작 사본에 대한 최근 연구 성과와 비교할 때 이 사본의 서체 유통 시기는 더욱 이를 가능성이 있다. Delhey (2015)의 연구에서 밝힌 바와 같이, 북인도 비크라마쉴라(Vikramaśīla) 사원에서 제작된 일련의 사본들과 서체 및 규격을 비교한 결과, 본 사본 역시 비크라마쉴라 사원에서 제작·보존되었던 것 중 하나로 추정된다. 즉, 사본의 제작 연대를 12세기 전후로 소급할 수 있다는 것이다. 아울러 앞서 언급한 바와 같이 파편으로 현존하는 길기트 사본의 존재는 이 문헌 자체의 성립과 유통이 훨씬 이른 시기부터 이루어졌음을 방증한다.

❀ 기존 연구와 본서의 목적

『바라밀다 가르침의 요약』의 산스크리트어 원문은 1946년 알폰소 페라리(Alfonso Ferrari)가 네팔 패엽 사본과 후대 필사본을 활용하여 편집하고 이탈리아어로 번역한 연구를 통해 저널 《Annali Lateranensi》에 최초로 발표되었다. 이후 그의 연구를 기반으로 캐럴 메도우가 1986년 보다 포괄적인 연구 성과를 담은 영어 번역본을 출간하였다. 티베트어 번역본에 대한 본격적인 연구는 2005년 나오키 사이토(Naoki Saito)에 의해 시작되었다. 그는 티베트경장(Tanjur)의 다섯 판본(쪼네, 데르게, 간덴, 나르탕, 페이킹)과 총카파(Tsong kha pa)의 『보리도차제론(Lam rim chen mo)』 인용 부분을 토대로 『바라밀다 가르침의 요약』 티베트어역 비판 교정본을 독일어 번역과 함께 출간하였다. 이 연구는 기존 메도우의 산스크리트어 편집본 일부를 티베트역과 대조하여 교정하고, 네팔 사본의 독법을 수정함으로써 텍스트 개선에 기여하였다. 최근 구도 노리유키(工藤順之, Noriyuki Kudo)는 길기트 사본에서 『바라밀다 가르침의 요약』의 단편(fragment)을 발견하고, 해당 부분인 제1장을 기존 편집본과 비교 · 교정한 비판 편집본을 발표하였다. 이 문헌에 대한 본격적인 연구를 위한 기본 편집본들은 20세기 중반 이후 지속적으로 발표되어 왔으나, 국내에서는 아직 이 문헌이 소개되거나 연구된 바 없었다. 이에 본서는 기존의 모든 편집본과 산스크리트어 사본을 종합적으로 재검토하여 비판 교정본을 마련하고, 원문에 기반한 한글 번역을 제공하고자 한다. 이러한 기초 작업이 요약적인 육바라밀다 교리가 함축적이고 비유적인 시문학을 통해 어떻게 표현되었는지를 탐구할 수 있는 기회가 되기를 기대한다.

❀ 『바라밀다 가르침의 요약』의 운율

운문 게송으로만 쓰인 이 작품은 다양한 산스크리트 운율로 구성되어 있으며, 그중에서도 인드라바즈라와 우펜드라바즈라, 그리고 우파자티(upajāti) 계열의 운율이 총 237개의 게송으로 가장 빈번하게 사용된다. 인드라바즈라(Indravajrā) 운율은 ta-gaṇa(– – ⏑), ta-gaṇa(– – ⏑), ja-gaṇa(⏑ – ⏑), 그리고 두 개의 장음(– –)으로 이루어진 11개 음절의 구가 네 번 반복되는 형식이다. 우펜드라바즈라(Upendravajrā) 운율은 ja-gaṇa(⏑ – ⏑), ta-gaṇa(– – ⏑), ja-gaṇa(⏑ – ⏑), 그리고 두 개의 장음(– –)으로 구성된 11개 음절의 구가 네 개로 이루어진 형식이다. 이 두 운율의 차이는 각 구를 구성하는 첫 번째 가나(gaṇa)가 ta-gaṇa로 시작하는지, ja-gaṇa로 시작하는지에 있다. 이 두 운율이 배합된 것을 upajāti 계열의 운율이라고 부르며, 본서에서 사용한 upajāti 운율의 세분된 명칭은 다음과 같다.

운율 이름		첫 번째 가나(gaṇa)			
		첫 번째 구	두 번째 구	세 번째 구	네 번째 구
Indravajrā		ta(– – ⏑)	ta(– – ⏑)	ta(– – ⏑)	ta(– – ⏑)
Upajāti	Kīrti	ja(⏑ – ⏑)	ta(– – ⏑)	ta(– – ⏑)	ta(– – ⏑)
	Vāṇī	ta(– – ⏑)	ja(⏑ – ⏑)	ta(– – ⏑)	ta(– – ⏑)
	Mālā	ja(⏑ – ⏑)	ja(⏑ – ⏑)	ta(– – ⏑)	ta(– – ⏑)
	Śālā	ta(– – ⏑)	ta(– – ⏑)	ja(⏑ – ⏑)	ta(– – ⏑)
	Haṃsī	ja(⏑ – ⏑)	ta(– – ⏑)	ja(⏑ – ⏑)	ta(– – ⏑)
	Māyā	ta(– – ⏑)	ja(⏑ – ⏑)	ja(⏑ – ⏑)	ta(– – ⏑)
	Chāyā	ja(⏑ – ⏑)	ja(⏑ – ⏑)	ja(⏑ – ⏑)	ta(– – ⏑)
	Bālā	ta(– – ⏑)	ta(– – ⏑)	ta(– – ⏑)	ja(⏑ – ⏑)
	Ārdrā	ja(⏑ – ⏑)	ta(– – ⏑)	ta(– – ⏑)	ja(⏑ – ⏑)
	Bhadrā	ta(– – ⏑)	ja(⏑ – ⏑)	ta(– – ⏑)	ja(⏑ – ⏑)
	Premā	ja(⏑ – ⏑)	ja(⏑ – ⏑)	ta(– – ⏑)	ja(⏑ – ⏑)
	Rāmā	ta(– – ⏑)	ta(– – ⏑)	ja(⏑ – ⏑)	ja(⏑ – ⏑)
	Ṛddhi	ja(⏑ – ⏑)	ta(– – ⏑)	ja(⏑ – ⏑)	ja(⏑ – ⏑)
	Buddhi	ta(– – ⏑)	ja(⏑ – ⏑)	ja(⏑ – ⏑)	ja(⏑ – ⏑)
Upendravajrā		ja(⏑ – ⏑)	ja(⏑ – ⏑)	ja(⏑ – ⏑)	ja(⏑ – ⏑)

이외에도 다양한 운율이 등장한다. 음절(akṣara) 개수와 장단을 기준으로 하는 운율로는 각 구가 8음절로 이루어진 슐로카(Śloka) 운율 게송 55개, 14음절로 구성되는 바산타틸라카(Vasantatilakā) 운율 게송 30개, 12음절로 구성되는 밤샤스타(Vaṃśastha) 운율 게송 14개, 11음절로 이루어지는 샬리니(Śālinī) 운율 게송 2개, 13음절로 이루어진 루치라(Rucirā) 운율 게송 1개가 등장한다. 음의 총 길이(mātrā)를 기준으로 하는 운율로는 비요기니(Viyoginī) 운율 게송 23개가 나타난다.

❀ 저자 아리야슈라(Āryaśūra)와 티베트역의 유통

인도 찬술 문헌인 『바라밀다 가르침의 요약』의 한역은 알려진 바 없다. 그러나 티베트어역은 현재까지 전하며, 이 역본 또한 이 작품을 아리야슈라('phag pa 'dpa bo = Āryaśūra)의 저술로 귀속시킨다. 티베트의 불교 역사서들에 따르면, 이 작품은 8세기 후반 파드마삼브하바(Padmasaṃbhava)의 제자로 알려진 바이로차나락시타(Vairocanarakṣita)에 의해 티베트어로 번역되었다. 보시바라밀다를 다루는 이 문헌의 첫 번째 장을 총카파가 그의 「보리도차제론」에서 빈번하게 인용하고 있어, 이 문헌이 넓은 유통 범위와 티베트 불교 내에서 상당한 영향력을 지녔음을 짐작할 수 있다.

티베트 대장경에는 아리야슈라(Āryaśūra, 'Phags pa dpa' bo) 혹은 약칭 슈라(Śūra, dPa' bo)를 저자로 하는 다섯 종류의 문헌이 전한다.[1]

---

[1] 기존 연구(Meadows 1986)에서는 티베트역으로 남아 있는 아리야슈라의 저작을 여섯 개로 보고한다. 그중 So sor thar pa'i mdo'i gzhung 'grel(*Pratimokṣasūtrapaddhati)이라는 문헌의 최종 콜로폰은 Sarvajñādeva라는 이름을 저자로 전하고 있어, 여기서는 이 작품을 포함시키지 않았다. 메도우가 이 티베트역을 아리야슈라의 것으로 판단한 이유가 무엇인지는 현재로서는 확인 불가능하다.

- *Jātakamālā*(*Pha rol tu phyin pa bsdus pa zhes bya ba* P. 5652; D. 4152)
  『본생담의 화환』. 샤카무니 붓다(Śākyamuni Buddha)의 서른 네 가지 본생담(jātaka)을 담고 있다. 다른 명칭으로는 『보살 인연담의 화환(*Bodhisattvāvadānamālā*)』이라고도 불린다.
- **Bodhisattvajātakadharmagaṇḍī*(P.5657; D.4157)
  『보살들의 본생담[에서 얻는] 가르침의 종』, 『자타카말라(Jātakamālā)』에 수록된 본생담과 내용이 상응하는 35구(句)의 짧은 시로 구성된다.
- *Subhāṣitaratnakaraṇḍakakathā*(P.5668; D.4168)
  『선시(善詩)의 보석 바구니라는 이야기』. 스물여덟 개의 이야기를 통해 공덕(puṇya), 목욕(snāna), 형상(bimba), 음식(bhojana), 의복(vastra), 그리고 육바라밀다에 대한 가르침을 담고 있다.
- **Supathadeśanāparikathā*(P.5668; D.4168)
  『바른 길(正道)에 대한 가르침의 설화』
- *Pāramitāsamāsa*(P.5340; D.3944)
  『바라밀다요약』. 티베트역의 간기는 바이로차나락시타(Vairocanarakṣita, 11~12세기)가 티베트역을 담당한 것으로 기록한다.

이 중에 산스크리트 원문으로 전해지는 문헌은 『본생담의 화환(*Jātakamālā*, 이후 JL)』과 『선시(善詩)의 보석 바구니라는 설화집(*Subhāṣitaratnakaraṇḍakakathā*, 이후 SRKK)』, 그리고 『바라밀다요약(*Pāramitāsamāsa*, 이후 PS)』, 세 가지뿐이다. 이 중에서 가장 잘 알려진 JM은 그 성립시기에 대해 많은 논의들이 있었지만, 일반적으로 기원후 4~5세기에 작성되었을 것으로 추정한다. 다만, 현존하는 JM에 포함된 전생담의 수가 전승본에 따라 조금씩 차이가 있다는 점을 미루어 볼 때, 이 문헌은 몇 세기에 걸쳐 수집 및 편집되었을 것으로 추정할 수 있다. 학계에서는 JM의 저자인 아리야슈라가 PS의 저자가 동일 인물인지에 대해서 꾸준히 논의해 왔다. 이러한 의문은 단순히 이름이 같다는 근거 외에도, PS에서 JM의 여러 게송들이 재인용되고 있다는 사실이 두 문헌의 저자를 연결하는 단서를 제공하기 때문이다. 하지만, PS가 육바라밀다의 교리를 주된 주제로 삼고 있다는 점을 미루어 볼 때, PS의 아리야슈라(Āryaśūra)가 JM의 저자보다 후대의 인물이라고 보는 것이 현재까지 학자들의 일반적인 견해이다. 이러한 양상은 SRKK의 경우에도 나타나는데, 내용면에서도 PS와 SRKK는 동일한 주제인 육바라밀다를 노래하고 있다는 점에서도 이 두 문헌은 아마도 동일한 아리야슈라라는 저자에게 귀속되었던 것으로 여겨진다.

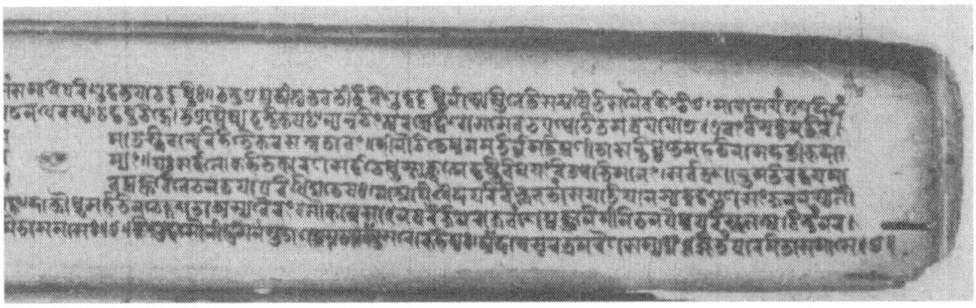

귀결게(歸結偈, closing verse)

사본의 가장 마지막에는 이 문헌의 저자를 기리는 마무리 게송(歸結偈)이 다음과 같이 전한다.

viśuddhamaunīndramanastaḍāgaprasūtasūtrāntasaroruhebhyaḥ |
ādāya śūrabhramareṇa samyag madhūrjitaṃ pāramitāsamāse ||

"Śūra[= 이 책의 저자]라는 [용감한(śūra)] 벌은
청정한 성인들의 우두머리[이신 붓다]의 마음이라는 연못에서 피어난
경론들의 연꽃들로부터 꿀(= 핵심)을 뽑아내어
파라미타사마사[라는 이 저술]에 온전히 [모았다네].

❀ 교정본과 번역에 대하여

교정본의 표기원칙(Policies for the Critical Edition)

1. 사본의 각 폴리오(folio)는 여섯 줄로 이뤄져 있다. 줄이 바뀌는 정확한 위치는 편집본의 오른쪽 여백에 *를 사용해 표시하며, 앞 페이지(recto)는 r로, 뒤 페이지(verso)는 v라는 약호를 사용한다. (예시 : 세 번째 폴리오의 앞 페이지의 여섯 번째 줄은 3r6로 표시)
2. 사본에서 자주 나타나는 불규칙 산디(sandhi, 음운동화)는 특별한 경우를 제외하곤 따로 언급하지 않고 교정한 것을 텍스트에 반영한다.
3. 콧소리(nasal)에 해당하는 ṅ n ṃ m과 같은 음절은 사본에서 번갈아 사용되고 있다. 의미상의 차이가 없는 경우, 그 내용을 각주에 따로 보고하지 않고 교정하였다.

   보고하지 않은 교정 예시] sandarśana ⇒ saṃdarśana (3.23c); praśansā ⇒ praśaṃsā (3.5c); kāñ ca ⇒ kāṃ ca (3.26c); kṣāṃtyupacāra ⇒ kṣāntyupacāra (3.27d); dvayan tāvad ⇒ dvayaṃ tāvad (3.36b); tathānimittañ ca ⇒ tathānimittaṃ ca (3.36c)
4. 사본에서 치찰음(sibilant) sa와 ṣa, 그리고 śa의 글자가 모두 사용되고 있긴 하지만, 단어에서 각 치찰음이 혼용되어 나타난다. 내용상 치찰음의 호환이 상이한 해석을 가능하게 하는 경우를 제외하고는 따로 수정 사항을 보고하지 않고 교정하였다.

   보고한 예외의 예시] apāśyaṃ ⇒ apāsyaṃ (2.27c); sabalaprakāraṃ ⇒ śabalaprakāram (2.50d)
5. 사본에서는 발음에 관련된 표기인 아바그라하(avagraha)가 따로 쓰이지 않으므로, 대부분의 경우 교정본에서는 따로 보고하지 않고 삽입하였다.

   예시] kuto vakāśaḥ ⇒ kuto 'vakāśaḥ (3.25d)
6. 사본의 반모음 뒤에 음절 반복(gemination) 현상은 따로 보고하지 않고

교정했다.

예시] saddharmma- ⇒saddharma- (2.4c); saṃpūrṇṇam ⇒saṃpūrṇam (2.52a); varṇṇa- ⇒ varṇa- (3.26a); karmmasvatām ⇒ karmasvatām (3.28a); advayamārgga- ⇒ advayamārga- (3.31d); sarvvadā ⇒ sarvadā (3.35d)

7. 사본의 반복 음절의 생략(degemination) 현상 또한 따로 보고하지 않고 교정했다.

예시] -tatvādhigamāya ⇒-tattvādhigamāya (2.4c); satvān ⇒sattvān (2.59a)

편집본의 약어

편집본은 왼쪽 페이지에, 번역은 오른쪽 페이지에 배치해 가독성을 높였다. 한국어 번역이 아니더라도 원문의 비판 교정본을 한눈에 볼 수 있도록 각주를 통해 기존 편집본과 사본의 이독을 보고하였다. 편집본에 사용한 약어의 내용은 다음과 같다.

K	NGMPP A 39-2 북인도+네팔 사본 (완본)
G	Kudo 2013 길기트 (Gilgit) 사본 No.57 (파편)
Fed.	Ferrai 1946 편집본
Med.	Meadows 1986 편집본
Sed.	Saito 2005 편집본
Tib.	티베트역
omit.	누락(omission)
corr.	정정(correction)
em.	교정(emendation)

번역 원칙

원문인 산스크리트의 의미를 최대한 직접적으로 살리고자 하되, 그 의미를 이해하기 위해 최소한의 윤색에 필요한 부차적인 말들은 [대괄호] 안에 넣어서 첨가했다. 한국어 번역을 위해 편집한 본고의 산스크리트 본문에서 해당 관련 자료들을 언급해야 할 경우 약어를 사용하여 그 내용을 기록하였다. 산스크리트 원문의 의미를 최대한 반영하여 복합어를 풀어내려고 했으나, 한글의 어순과의 차이 때문에 의역이 필요한 부분은 원래의 의미를 해치지 않는 한에서 윤문하였다. (소괄호)에는 내용 이해를 위해 필요한 추가 설명을 간략하게 넣을 때 사용하였다. 보다 상세한 번역 원칙은 다음과 같다.

1. 산스크리트는 각 단어가 성수격의 변화를 담고 있다. 그렇기 때문에 수식구를 통해서 주어가 격으로 분명하게 표현되지만, 한글 번역에서는 이를 좀 더 명확히 지시해야 문맥이 통하는 경우가 많다. 이 문헌에서는 '보살'이 의미상 주어인 경우가 다수 등장한다. 이렇게 번역한 경우에는 '보살도를 가운데에 있는 수행자'의 경우와 '보살의 상태를 이룬 수행자'를 모두 아우르는 용어로서 사용하였다.
2. 게송에 대한 간략한 요약은 물론, 게송의 문법적 구조, 산스크리트 원어의 의미와 용례, 문법적 설명 등과 같은 자세한 정보는 가독성을 높이기 위해 미주로 정리해 각 장의 마지막에서 확인할 수 있도록 하였다.
3. 산스크리트어에서 슐레샤(śleṣa)라고 불리는 다의적 용법은 동일한 음으로 중복된 다양한 의미를 지시할 수 있는 특징을 지닌다. 한국어로는 동일하게 표현할 수 없지만, 원어에서는 동일하게 표현되었다는 것을 보여주기 위해 간혹 번역의 중간에 원어를 삽입해 두었다.

제1장

보시바라밀다 가르침의 요약

Dānapāramitā-samāsa

*|| namo buddhāya || *1v1

tathāgatānāṃ padam āruruksur
āśritya ratnatrayam ādareṇa |
bodhau nidhāyāvicalaṃ manaś ca
kuryāt parātmavyatihāram ādau || 1.1 || upajāti (kīrti)

tataḥ paraṃ dānavidhau prayogaḥ
kāryas tathā lokahitonmukhena |
yathā svagātrāṇy api yācitasya
na tyāga[1]saṃkocavirūpatā syāt || 1.2 || upajāti

mātsaryadoṣopacayāya yat syān
na tyāgacittaṃ paribṛṃhayed vā |
tat tyaktum evārhati bodhisattvaḥ
parigrahacchadmamayaṃ *vighātam || 1.3 || *1v2
upajāti (bālā)

tad bodhisattvaḥ katham ādadīta
ratnaṃ dhanaṃ vā divi vāpi rājyam |
yat tyāgacittapratipakṣadakṣaṃ
saṃbodhimārgāvaraṇaṃ karoti || 1.4 || indravajrā

---

[1] tyāga-] Sed. (Tib. *gtong*); yoga- K Fed. Med.

부처님께 귀의합니다.

1.1 여래의 경지에 오르고자 하는 자라면
예를 다해 삼보(三寶)에 귀의하고
깨달음을 향한 마음이 흔들리지 않게 하고 난 후에,
제일 먼저 타인을 자신처럼 여겨야 합니다.[1]

1.2 그런 후, 세상을 돕고자 열망하는 그는
보시(dāna)행을 수행해야만 합니다.
마치 [누군가] 자신의 사지를 달라고 할지라도,
보시(tyāga)[2]에 위축되어 변절하는 일[3]이 절대 없듯이.

1.3 인색이라는 허물을 키우거나
혹은 보시의 마음을 약화시킬 수 있는
탐욕과 은닉으로 이뤄진 장애를
보살은 실로 버릴 수 있습니다.[4]

1.4 보시의 마음과 정반대가 된다는 건
깨달음의 길까지도 가로막아 버리는 것일진대,
천상에 있는 보석이나 재산이나 혹은 왕국을
어찌 보살이 갖고자 원하겠습니까.[5]

saṃsmṛtya caryātiśayaṃ munīnāṃ
tadunmukhīṃ svām api ca pratijñām |
parigrahasnehavinigrahārthaṃ
kuryād imāṃś cetasi sadvitarkān || 1.5 || jāyā

yadā nisṛṣṭo[1] jagate mayāyaṃ
kāyo 'pi tattyāgakṛto 'pi dharmaḥ |
bāhye tadā vastuni saṅgacittaṃ
na me gaja*snānam ivānurūpam || 1.6 || *1v3
upajāt i(ārdrā)

māṃsārthino māṃsam idaṃ harantu
majjānam apy uddharatāṃ[2] tadarthī |
ahaṃ hi lokārtham idaṃ bibharmi
śarīrakaṃ kiṃ bata vastu bāhyam || 1.7 || upajāti

yathaiva[3] bhaiṣajyamahīruhasya
tvakpattrapuṣpādi janā haranti |
madīyam ete 'paharanti ceti
naivaṃ vikalpāḥ samudācaranti || 1.8 || viparītākhyānikī

tathaiva lokārthasamudyatena
svalpo 'pi kāryo na mayā vikalpaḥ |
*duḥkhe kṛtaghne satatāśucau ca *1v4
dehe parasmāy upayujyamāne || 1.9 || upajāti

---

[1] yadā niṣṛto] Fed. Med. G; yadātisṛṣṭo K Sed. (Cf. Tib. *btang ste ... na*).
[2] uddharatāṃ] G; uddharatāt K Sed.; uddharaṇāt Fed. Med.
[3] yathaiva] K Fed. Med. Sed.; yathā hi G

1.5 성자들의 행위의 탁월함과
그것을 향한 자신의 열의가 담긴 서원 또한 상기하고선,
집착(執着)과 애착(愛着)을 끊기 위해
[보살은] 마음에서 이러한 바른 숙고를 행해야만 합니다.

1.6 "세상을 위해 내가 이 몸은 물론
그 [몸을] 보시함으로써 할 바를 했을 때,
그때, 마치 코끼리의 목욕[6]과도 같은
외부의 대상에 집착하는 마음이 제게는 없습니다."

1.7 "고기를 원하는 자들은 이 살을 취하시오.
또한 [골수를] 원하는 이는 이 골수를 가져가시오.
실로 나는 세상을 위해서 이 [몸]을 지닐 뿐이라오.
아! 몸뚱아리도 [결국] 외적인 것[이 아닌가]!"[7]

1.8-9 "마치 사람들이 약재나무에서
껍질과 잎과 열매 등을 얻어가도
'이들이 내 것을 가져가는구나'라는
분별이 [그 나무에게] 전혀 일어나지 않듯이
바로 그처럼, 괴롭고 불쾌하며 항시 부정(不淨)한 육신이
남을 돕는 데 사용될 수 있다 한다면,
세상의 이익을 위해 노력하는 나는
일말의 분별조차 절대 일으키지 않으리!"

ādhyātmike caiva mahījalādye
bāhye mahābhūtagaṇe ca tulye |
idaṃ mamedaṃ na mameti ko ’yam
ajñānapaṅkāṅkavidhir mamāpi[1] || 1.10 || upajāti

gṛhṇīta gātrāṇy api me yatheṣṭaṃ
mā kārṣur asmin parakīyabuddhim |
yuṣmākam eva svam idaṃ hi sarvaṃ[2]
na svābhimāno[3] mama kaścid atra || 1.11 || indravajrā

ity adbhu*tā yasya bhavanty abhīkṣṇaṃ[4] *1v5
saṃbuddhabhāvānuguṇā vitarkāḥ |
taṃ bodhisattvātiśayaṃ vadanti
buddhā mahāsattvam acintyasattvāḥ || 1.12 || indravajrā

evaṃ sa dānapratipattiśūraḥ
karoti kāye ’pi na jātv apekṣām |
tasyāprayatnād upayānti śuddhiṃ
karmāṇi vākkāyamanomayāni || 1.13 || upajāti (vāṇī)

---

[1] mamāpi] K G Sed.; mayāpi Fed. Med.
[2] hi sarvaṃ] K G; kim arthaṃ Fed. Med. Sed.
[3] na svābhimāno] G; nātmābhimāno K Fed. Med. Sed.
[4] yasya bhavanty abhīkṣṇaṃ] G Med. Sed.; yasya bhavanti bhīkṣaṇaṃ K; yat prabhavanty abhīkṣṇaṃ Fed.

1.10 "그러니 [이 신체의] 안이나 밖이나
[사]대(四大) 등이 모인 동일한 것에 불구하거늘,
'이것은 내 것이고 이것은 내 것이 아니다'라는
이 [분별]은 무엇인가?
내겐 이 또한 무지(無知)라는 얼룩을 만드는 것[일 뿐]."

1.11 원한다면, 나의 [사]지(四肢)를 취하시오!
이때, [내 몸이] 남의 것이 되었다는 생각도 만들지 마시오.
이 내 모든 것은 실로 그대의 것이니,[8]
이제 내게는 '나의 것'이라는 어떤 잘못된 개념도 없다오.[9]

1.12 경이로운 [보살]들은 언제나 이와 같이
정각의 상태에 걸맞은 사유를 하기에,
부사의한 존재이신 붓다들께서는 그러한 보살들의 뛰어남을 [가리켜]
'마하살(Mahāsattva, 위대한 존재)'이라고 칭합니다.[10]

1.13 이와 같이 보시행에 뛰어난 영웅인 [보살]께서는
[자신]의 신체라고 할지라도 전혀 개의치 않습니다.
애쓰지 않아도 그 [보살]의
말과, 몸 그리고 마음의 [모든] 행위가 청정해집니다.

viśuddhakarmā ca[1] hitaṃ pareṣām
āyāsaduḥkhena vinā karoti |
itthaṃ sa sattvā*rtham abhiprapanno *1v6
nayānaye kauśalam abhyupaiti || 1.14 || upajāti (ārdrā)

bhūyastaraṃ prāpya phalaṃ[2] sa dānāt
saddharmadānena tataḥ karoti |
bhavāndhakāre bhramatāṃ janānāṃ
sūryodayāt spaṣṭataraṃ prakāśam || 1.15 || upajāti (śālā)

sādhāraṇā[3] lokahitārthasiddhiḥ
sarvajñabhāvābhyudayapratiṣṭhā |
ato 'sya puṇyākṣayatābhyudeti
prabheva bhānor udayasthitasya || 1.16 || upajāti (rāmā)

ity adbhutā dānamayā guṇaughā
ye bodhi*sattvābharaṇībhavanti | *1v7
tasmāt[4] tadīyaṃ parikarma cittaṃ[5]
dānasya kāruṇyapuraḥsarasya || 1.17 || indravajrā

---

[1] ca] G Fed. Med. Sed.; va K . va는 필사오류(scribal error)로 추정.
[2] phalaṃ] G (Tib. *'bras bu*); balaṃ K Fed. Med. Sed.
[3] sādhāraṇā] G; sādhāraṇī K Fed. Med. Sed.
[4] tasmāt] K Fed. Med. Sed.; yasmāt G
[5] cittaṃ] K G Fed. Med.; citraṃ Sed. (Tib. *rnam pa mang*)

1.14 그리고 행위가 청정해진 [보살]은
어렵게 애쓰지 않고서도 남들을 돕습니다.
그렇게 중생을 돕게 된 [보살]은
무엇이 바른지 그른지에 대한 능숙함[11]을 얻습니다.

1.15 그 [보살은] 보시로 인한 더 큰 결실을 얻고 나면,
그 후에는 정법[을 가르치는] 보시를 통해서
윤회라는 어둠에서 방황하는 사람들에게
떠오르는 태양보다도 더 눈부신 빛을 비춰줍니다.

1.16 세상을 돕고자 하는 목적의 성취는 공통되게
전지(全知)의 상태를 일으키는 근거가 됩니다.
이로 인해, 그 [보살]에게는
공덕이 사라지지 않는 경지가 일어납니다.
마치 떠오르는 태양에게
[결코 사라지지 않는] 광휘가 있듯이 말이죠.

1.17 그러므로, 이러한 보시로 이루어진 놀라운 공덕은
보살의 장엄이 됩니다.
그렇기에 [보살의] 청정한 치장이란
자비를 갖춘 보시의 마음[12]입니다.

āyuḥpratībhānabalādi[1] bauddhaṃ
niṣpādayeyaṃ jagatām anena |
sattvā mayā cāmiṣasaṃgṛhītāḥ
saddharmapātrāṇy api me bhaveyuḥ || 1.18 || indravajrā

ity annadānaṃ pradadāti[2] vidvān
na svargasaṃpattiparigrahāya |
pānāny api kleśatṛṣaḥ śamāya
lokasya lokārthacaro dadāti || 1.19 || indravajrā

bau*ddhasya caiva rddhiviceṣṭitasya *2r1
nirvāṇasaukhyasya ca sarvalokaḥ |
lābhī kathaṃ syād iti lokanātho
yānaṃ mahāyānamatir[3] dadāti || 1.20 || indravajrā

saṃbuddhavarṇasya ca hemabhāso
lajjāmayasyaiva ca bhūṣaṇasya |
niṣpattaye vastravidhīn udārān
satkṛtya kālānuguṇān dadāti || 1.21 || indravajrā

---

[1] āyuḥpratībhāna-] Meadows(p.268)도 지적하듯이, pratibhāna가 올바른 철자법이지만, 여기에서는 운율 법칙(metri causa)에 따라 ta-gaṇa(– – ⏑)를 만들기 위해 pratībhāna라고 쓰였다.

[2] pradadāti] K Fed. Med. Sed.; pratidāti G

[3] mahāyānamatir] G; mahāyānaratir K Fed. Med. Sed.

1.18 "이 [보시의 마음]으로써 나는 세상 [사람들]이
부처님의 수명과 막힘없는 설법(辯才)[13]과
[십]력[14] 등을 성취케 할 것입니다.
그리하여 제가 물질적 보시로 섭수한 중생들이
또한 저에게 정법을 위한 그릇이 되게 하소서!"

1.19 이처럼, 이 현명한 [보살]은
천상[15]에 이르기 위해 음식을 보시하지 않습니다.
하지만, 세상 사람들의 이익을 향해 움직이는 그는
세상 사람들이 지닌 번뇌라는 목마름을 해소시키기 위해서는
[정법이라는] 마실 것을 보시합니다.

1.20 '붓다의 초월적인 행위와 열반의 안락을
일체의 세상 사람들이 어찌하면 얻을 수 있을까' 라고 [고민하는]
대승의 지혜를 지닌[16] 세상 사람들의 지도자께서는
[큰] 수레[대승의 가르침]를 보시합니다.

1.21 황금빛 광채와 겸손함으로 장엄된
깨달은 이의 자태를 완성하기 위해서 [보살은]
격조 있고 시기적절한 의복을
예를 갖추어 보시합니다.[17]

saṃbodhimaṇḍāsanam āsanāni
śayyāś ca śayyātrayam īkṣamāṇaḥ |
sarvajñacakṣuḥpratilabdhaye ca[1]
caityeṣu rathyāsu ca dīpadānam[2] || 1.22 || indravajrā

vādyāni divyaśrutisaṃgra*hārthaṃ *2r2
saṃbuddhaśīlāya ca gandhadānam |
sabhāprapārāmavihāragehāñ
ccharaṇya[3]bhāvā[4]bhimukho dadāti || 1.23 || upajāti (rāmā)

dānaṃ rasānāṃ tu susaṃskṛtāṇāṃ
rasārasājñatva[5]parigrahāya |
bhaiṣajyadānāny ajarāmaratvaṃ
lokān imān prāpayituṃ dadāti || 1.24 || upajāti (vāṇī)

bhujiṣyatām ātmasamaṃ ninīṣur
dāsīkṛtān kleśagaṇena lokān |
sa dāsyadānāni[6] sadā dadāti
dāsānudāsān[7] aparākariṣyan[8] || 1.25 || viparītākhyānikī

---

[1] ca] G Fed. Med. Sed.; va K
[2] dīpadānaṃ] G; dīpamālām K Fed. Med. Sed.
[3] -gehāñ ccharaṇa-] *corr.*, -gehāṃ ccharaṇa- G; -gehān śaraṇa- K, -gehāṃ śaraṇa- Med., Sed., -gehāñ śaraṇya- Fed.
[4] -bhāvā-] K Fed. Med. Sed.; -dānā- G
[5] rasārasajñatva- G; rasārasāgratva- K Med. Sed.; rasarasāgratva- Fed.
[6] dāsyadānāni] *em.*, dāsadānāni G, dāsadāsyādi K Fed. Med. Sed.
[7] dāsānudāsān] G Fed. Med. Sed. (*sems can bla med chos kyi rjer yang bsgrub*); dāsānadāsān K
[8] aparākariṣyan] K^{ac} Fed. Med. Sed.; aparākariṣan K^{pc}; aparāṅ karo(t)i G.

1.22 깨달음을 위한 연단을 얻고자 앉을 곳을 [보시하고,]
세 가지 귀의처를 얻고자 휴식처들을 [보시합니다].
또한 전지(全知)의 눈을 얻게 하고자
성소(聖所)[18]와 교차로에 등불을 보시[합니다.]

1.23 천이(天耳)를 얻으려 한다면 악기/음악을,
정각을 위한 계를 위해서는 향을 보시하고,
귀의처를 찾고자 하므로,
연회장과 우물, 정원, 사원, 그리고 집을 보시합니다.

1.24 또한, [좋은] 풍미와 그렇지 않은 풍미에 대한 앎을 갖추기 위하여[19]
가장 잘 조리된 맛들[= 음식들]을 보시하며,
세상 사람들이 늙지 않고 죽음에서 벗어날 수 있도록 하기 위하여
약을 보시합니다.

1.25 번뇌 때문에 노예가 된 세상 사람들을
자신처럼 자유롭게 만들고자 하는 [보살]께서는
가장 미천한 하인들도 함부로 하지 않고자 하므로,
언제나 [그들에게] 보시합니다.

dadāti putrān duhitṝḥ *priyāś ca *2r3
bodhipriyatvād anavadyadānam |
ekāntasaddharmaratipriyaś ca
krīḍāviśeṣān ratihetubhūtān || 1.26 || G vs.28 upajāti

suvarṇamuktāmaṇividrumādīn
dadāti sallakṣaṇasaṃpadartham |
ratnapradīptāni ca bhūṣaṇāni
citrāṇy anuvyañjanasauṣṭhavāya || 1.27 || G vs.26 upajāti

dhyānārtham udyāna[1]tapovanāni
saddharmakoṣāya ca vittakoṣam |
munīndrarājyāya dadāty akhinno
rājyāni cājñāpana*maṇḍitāni[2] || 1.28 || *2r4 G vs.27 upajāti

cakrāṅkitābhyāṃ caraṇottamābhyāṃ
saṃbodhimaṇḍākramaṇotsukatvāt |
sa nirvikāraś[3] caraṇapradānaṃ
lokārthaniṣpattikaro dadāti || 1.29 || upajāti (śālā)

[1] udyāna-] K Fed. Med. Sed.; utpādya G
[2] -maṇḍitāni] G Fed. Med. (Tib. *brgyan*); -paṇḍitāni K Sed.
[3] nirvikāraś] K Fed. Med. Sed.; nirvicāraś G

1.26 정각을 아끼는 만큼
사랑하는 아들과 딸을 내준다[고 하여도]
비난받지 않는 보시[20]를 행하며,
오로지 정법이 주는 기쁨을 사랑하기에
쾌락을 일으키는 특정한 오락거리들을 포기합니다.

1.27 진실한 [삼십이] 상을 구족하기 위하여
그는 금, 진주, 보석, 산호 등을 보시하고,
[팔십]종호의 탁월함을 위해서는
보석으로 빛나는 여러 가지 장식들을 [보시합니다.]

1.28 선정을 위해서는 정원과 고행의 숲을[21]
정법의 보고(寶庫)를 위해서는 재물의 창고를,
위대한 성자의 왕국을 위해서는 권위로 장엄된 왕국을[22]
그는 지치지 않고 보시합니다.

1.29 [발바닥에] 수레바퀴 모양이 새겨진[23] 가장 뛰어난 두 발로
깨달음의 자리에 오르고자 하는 데에 지칠 줄 모르는
조금도 변함이 없는 [보살]은
세상 사람들의 이익을 추구하기에
[그의 두] 발 [또한] 보시합니다.

duḥkhāpagāyām atiśīghragāyāṃ
magnasya lokasya kathaṃ na[1] dadyām |
saddharmahastān iti saṃpradatte[2]
hastān vikoṣāmburuhaprakāśān || 1.30 || indravajrā

śraddhendriyādipratipūraṇārthaṃ[3]
sa karṇanāsādi dadāty *akhinnaḥ | *2r5
cakṣuś ca cakṣur vimalīkariṣyaṃl
lokasya sarvāvaraṇaprahāṇāt || 1.31 || upajāti (vāṇī)

utkṛtya māṃsāni saśoṇitāni
dadāti kāruṇyavaśena nāthaḥ |
bhūmyagnivāyvambuvad eva me syāl
lokopajīvyaḥ katham eṣa kāyaḥ || 1.32 || upajāti

lokottamajñānasamāpanārthaṃ
sa uttamāṅgair api satkaroti |
abhyāgatasyārthijanasya yācñāṃ
prāg eva gātrāvaya*vais[4] tadanyaiḥ || 1.33 || *2r6
upajāti (vāṇī)

[1] na] K Fed. Med. Sed.; nu G
[2] saṃpradatte] K Fed. Med. Sed.; sa pradatte G
[3] śraddhendriyādi-] K Fed. Med. Sed.; śraddhendriyādeḥ G
[4] gātrāvayavais lem G; (≡) dehāvayavais K Fed. Med. Sed.

1.30 매우 빠르게 흐르는 고통이라는 강에
잠겨 [허우적대는] 세상 사람들에게
[보살]께서 어찌 손길을 내밀지 않을 수 있겠습니까.
만개한 연꽃처럼 빛나는 손길,
정법이라는 그 손길을 내밉니다.

1.31 신근(信根) 등[의 5근]을 기르는 데 지치지 않기에
[자신의] 귀와 코 등[의 감관기관]을 보시하고,
세상 사람들의 모든 장애를 제거하여 [그들의] 눈을 맑게 하려고
[자신의] 눈 또한 [보시합니다].[24]

1.32 주재자[이신 보살]은 피가 엉켜 있는 살점을 떼어내어
자비의 힘으로 [그 살들을] 보시합니다.
그저 지수화풍과 같을 뿐인
나의 이 몸이 [이밖에] 어찌 세상에 쓰일 수 있겠나이까.[25]

1.33 그는 초세간의 지혜를 성취하기 위해 [여러 생에 걸쳐]
심지어 머리마저도 내어주며 공경해 왔습니다.
[그럴지인데] 다가오는 걸인의 요청에
지금까지 얼마나 많이 몸의 다른 부분들도 [보시했겠습니까].[26]

majjānam apy adbhutavīraceṣṭo
dadāti lokasya kathaṃ na kuryām |
tāthāgataṃ vigraham apradhṛṣyaṃ
vṛṣṭyāpi vajrojjvalayā patantyā || 1.34 || upajāti (vāṇī)

ityevamādyaṃ satatānavadyaṃ
tad bodhisattvāmbudharapramuktam |
prahlādya[1] dānāmbu jagat samagraṃ
sarvajñatāsāgaram abhyupaiti || 1.35 || Indravajrā

anviṣya bhogān viṣameṇa nāsau
dadāti notpīḍanayā parasya |
na trāsalajjāpratikāra*hetor *2r7
na dakṣinīyān parimārgamāṇaḥ || 1.36 || ākhyānikī

na ca praṇīte sati[2] rūkṣadānam
adakṣiṇīyān[3] iti vāvamanya |
vipākakāṅkṣākṛpaṇīkṛtaṃ vā
satkārahīnaṃ vijugupsitaṃ vā || 1.37 || upajāti

---

[1] prahlādya] G K Fed. Med.; praklādya Sed.
[2] sati] K Fed. Med. Sed.; na ti G
[3] dakṣiṇīyān] G; dakṣiṇīyā K Fed. Med. Sed.

1.34 경이로운 행위를 하는 [보살]께서는
심지어 [그의] 골수마저 세상 사람들에게 보시합니다.
번쩍이는 번개를 동반한 폭우가 퍼부어도
절대 무너지지 않는 여래의 몸을
만들지 않을 이유가 어찌 있겠습니까![27]

1.35 이와 같이 [생각하기에]
보살이라는 구름으로부터
언제나 완전무결한 보시라는 비가 내리면
제일 먼저 온 세상 사람들은 그 기쁨을 만끽하고선,
일체지자성(一切知者性)이라는 큰 바다를 향해 나아갑니다.[28]

1.36 욕심 때문에 불공평하게 음식을 나누는 일도
다른 이를 괴롭히면서 [보시하는 일도 없습니다].
공포나 수치심, 혹은 복수를 이유로 [보시하지] 않으며,
[상대방이] 보시를 받기에 적절한지를 재는 일도 없습니다.[29]

1.37 그러니, '공경할 필요가 없다'라고 여겨
맛있는 음식이 있음에도 형편없는 보시를 하는 일도,
잘 익은 음식을 원하는 그들의 마음을 비참하게 만드는 일도,
그들을 낮춰보는 일도, 힐난하는 일도 없습니다.[30]

naivonnatiṃ[1] śīlavate prayacchan
viparyayaṃ gacchati netarasmai |
nātmānam utkarṣati naiva nindāṃ
karoti so 'nyasya samaprayogaḥ || 1.38 || ākhyānikī

na cāsya mithyāśayadānam asti
naivā*sty anadhyāśayadānam asya | *2v1
na krodhadoṣopahataṃ dadāti
naivānutāpaṃ kurute sa dattvā || 1.39 || upajāti

na ślāghamāno[2] vipulaṃ dadāti
nāślāghamāno 'lpataraṃ[3] dadāti |
na yācakānām upaghātadānaṃ
yad vā bhaved vipratipattihetuḥ || 1.40 || upajāti

nākāladānaṃ sa dadāti kiṃcid
dadāti kāle viṣame 'pi naiva |
na devabhāvāya na rājyahetor
na hīnayānaspṛhayālubhāvāt || 1.41 || upajāti (buddhi)

---

[1] naivonnatiṃ] K Fed. Med. Sed.; naivānatiṃ G
[2] ślāghamāno] K G; ślāghyamāno Fed. Med. Sed.
[3] nāślāghamāno 'lpataraṃ] K, glāyaṃ na caivāvipulaṃ G, nāślāghyamāno 'nyataraṃ Fed. Med.; nāślāghyamāno 'lpataraṃ Sed.

1.38 공손한 사람에게 거만하게 굴지 않는 [보살께서]는
반대로 [무례한] 태도에도 적의를 지니지 않습니다.
공명정대하게 행동하기에
스스로를 치켜세우지도, 남을 비난하지도 않습니다.[31]

1.39 [보살]에게 잘못된 의도를 지닌 보시나
확신이 없는 보시란 있을 수 없습니다.
분노라는 허물로 인하여 보시하는 일도 없으며,
보시한 뒤 후회를 하는 일 또한 절대 있을 수 없습니다.[32]

1.40 [보살은] 많이 보시한다고 스스로를 칭찬하지도 않으며,
적게 보시한다고 스스로를 책망하지도 않습니다.[33]
탁발자에게 해를 입히는 보시나,
혹은 [그들을] 비뚤어지게 할 만한
[보시란] 결코 있을 수 없습니다.

1.41 [보살]은 때에 맞지 않으면 어떤 보시도 하지 않으며,
또한 띄엄띄엄 보시하지도 않습니다.
[그의 보시는] 신적인 존재가 되기 위해서도 아니며,
왕권[을 얻으려는] 이유에서도 아니고,
소승을 향한 열망이 있어서도 아닙니다.[34]

nāsau mukhollokanayā dadāti
na *kīrtiśabdāya na hāsyahetoḥ | *2v2
paryāptam etac ca mameti naivaṃ
yadvā vihiṃsāhasitaṃ pareṣām || 1.42 || upajāti

sarvajñabhāvāpariṇāmitaṃ vā
sagarhitaṃ vā sa dadāti naiva |
tato 'sya tat pāramitābhidhānaṃ
parāṃ viśuddhiṃ samupaiti dānam || 1.43 || upajāti (buddhi)

dānodbhavaṃ tasya ca puṇyarāśiṃ
lokāt samagrād api piṇḍitāni |
puṇyāni naivābhibhavanti yasmāl
lokottamatvaṃ sa tato 'bhyupaiti || 1.44 || indravajrā

*pañcasv abhijñāsu viniścitātmā *2v3
lokāya yad varṣati dānavarṣam |
samantatas tasya kutaḥ pramāṇaṃ
parikṣayo vā satatapravṛtteḥ || 1.45 || upajāti (rāmā)

yad akṣayāṇāṃ jagatāṃ hitāya
jñānasya hetuś ca yad akṣayasya |
traidhātukena kṣayiṇā na tac ca
saṃlipyate vyomavad ambudena || 1.46 || upajāti

1.42 [보살은] 존경심으로 보시하지 않으며,
명예를 위해서도, 재미 때문에 [보시]하지도 않습니다.
'나에겐 이만큼 여력이 있지' 라고 [생각하여]
그와 같이, 다른 이들을 상처 주거나 비웃지 않습니다.[35]

1.43 일체지자의 경지로 회향되지 않거나
그 [경지를] 비난하는 보시는 하지 않습니다.
그런 후에야 '바라밀다(pāramitā)' 라 불리는
최상의 청정한 보시가 일어납니다.

1.44 그러니 모든 세상 사람들로부터 모은 공덕이라도
보시로부터 생겨난 그의 모든 공덕을 능가할 수는 없습니다.
왜냐하면 그는 [보시바라밀다를 이뤄]
세상을 능가하는 경지를 얻었기 때문입니다.[36]

1.45 다섯 가지 신통[의 획득]이 결정된 [보살]은
세상을 위하여 보시라는 비를 온 누리에 뿌립니다.
[비가 온 누리에 내리듯 그의 보시가] 온 천지에 [이르니]
이를 어찌 측정하겠으며
[비가 끊임없이 내리듯 그의 보시는] 항시 행하는 것이니
어찌 다함이 있겠습니까.[37]

1.46 다함이 없는 [수많은] 세상을 위한 것이며,
삼계가 무너진다고 하여도 사라지지 않는 지혜
[그 지혜]의 원인인 [보시의 완성]은 가려지지 않습니다.
마치 하늘이 구름에 [가려지지 않듯이].[38]

tac chūnyatākārasamāhitaṃ ca
nimittadoṣaiḥ parivarjitaṃ ca |
akiṃcana*kleśaviyogasiddhes *2v4
tenākṣayaṃ tat kathitaṃ munīndraiḥ || 1.47 || upajāti

asmin punaḥ satpuruṣāvadāne
dāne nidāne sukhavistarāṇām |
cikīrṣatā yogam anityasaṃjñā
bhogeṣu kāryā karuṇā ca loke || 1.48 || upajāti (śālā)

bhogān anityān abhivīkṣamāṇaḥ
sātmyaṃ gatāyāṃ ca tataḥ kṛpāyām |
sa niścayaṃ gacchati dīyate yad
etan madīyaṃ na tu ya*d gṛhe me || 1.49 || *2v5 upajāti

yad dattam[1] asmān na bhayaṃ kadācid
gehe yad asmād bhayam abhyupaiti |
sādhāraṇaṃ rakṣyam[2] atarpakaṃ ca
datte tu naite prabhavanty anarthāḥ || 1.50 || indravajrā

sukhaṃ paratrāpi karoti dattam
ihaiva duḥkhaṃ prakaroty adattam |
ulkāsvabhāvaṃ hi dhanaṃ narāṇām[3]
atyajyamānaṃ vyasanaṃ dadāti || 1.51 || upajāti

---

[1] yad dattaṃ] Fed. Med. Sed. (Tib. *gang byin*); yad yattaṃ K
[2] rakṣyaṃ] Fed. Med. Sed.; rakṣaṃ K; Cf. (Tib. *srung dgos*)
[3] dhanaṃ narānām] Fed. Med. Sed.; dhanaṃa [v]arānām K

1.47 그[러한 보시]는 공성을 행상(行相)으로 삼은 것이며,
상(相)이라는 과오에서 완전히 벗어났으며,
그[보시]를 통해 쓸모없는 염오의 탈피를 완성하였기에,[39]
성자들의 왕(= 붓다)들은 그 [보시]가
결코 파괴되지 않는 것(akṣaya)이라 말합니다.

1.48 그러므로, 다시 말해, 진실한 자의 고귀한 행위이며,
행복을 키우는 이러한 보시를 실천하고자 하는 마음,
[그 어떤] 소유물도 무상하다고 여기는 마음,
그리고 세상 사람들을 향한 연민의 마음,
[우리는 그러한 마음들을] 지녀야 합니다.[40]

1.49 소유물을 무상하게 여기는 그가
온전히 연민심을 갖추게 되면,
'내 집에 있다고 해서, 내게 주어졌다고 해서
내 것이 아니다'라고 확신하게 됩니다.

1.50 보시한 것은 더 이상 근심의 대상이 아니지만,
집에 있는 것들은 근심을 일으킵니다.
일반적으로 [소유물은] 잘 지켜야 하는 것이며
결코 만족을 주는 것이 아니므로,
보시하게 되면 이러한 쓸데없는 일들이 생겨나지 않습니다.

1.51 보시는 심지어 내생에서도 행복을 주는데,
지금 현생에서는 보시하지 않으면 고통이 뒤따르게 됩니다.
실로 인간의 소유물이라는 것은[41]
타오르는 횃불과 같아서 버리지 않고 갖고 있으면
모든 것을 집어 삼키는 재앙을 가져오기 때문입니다.[42]

adīyamānaṃ nidhanaṃ prayāti
nidhānatāṃ yāti hi dī*yamānam | *2v6
dhanasya niḥsāralaghoḥ sa sāro
yad dīyate lokahitonmukhena || 1.52 || upajāti

yad dattam etad viduṣāṃ praśasyaṃ
bālo janas tannicayapraśaṃsī |
prāyo viyogo hi parigrahebhyo
dānād bhavaty abhyudayo yaśaś ca[1] || 1.53 || indravajrā

dattaṃ na tat kleśaparigrahāya
kleśāya mātsaryam anāryadharmaḥ |
yad dīyate satpatha eṣa tasmād
ato 'nyathā kāpatham āhur āryāḥ || 1.54 || upajāti (bālā)

abhyāgate yā*canake ca tena *2v7
sambodhisambhāravivṛddhihetau |
tatpreṣyasaṃjñātmani saṃniveśyā
kalyāṇamitrapriyatā ca tasmin || 1.55 || indravajrā

mahātmanāṃ yat pratanūbhavanti[2]
rāgādayo yācanakān niśamya |
tenotsavābhyāgamam apy atītya
teṣāṃ priyaṃ yācanakopayānam || 1.56 || upajāti

---

[1] yaśaś ca] K^{pc}, yaścaś ca K^{ac}
[2] pratanū-] *corr.* Fed. Med. Sed., prabhanū- K^{pc}, prabhacanū- K^{ac}

1.52 주지 않고 붙들면 파멸에 이르지만,
내어 주면 보물이 됩니다.
아무리 가치 없이 하찮은 소유물이라 할지라도
세상을 돕고자 열망하는 이가 보시하면
진정 값진 것(sāra)이 됩니다.

1.53 어리석은 이는 [소유물이] 쌓이는 걸 칭송하지만
현자들은[43] 내주는 것을 칭송합니다.
무릇 취착(取著)들로부터 상실감[이 생기지만],
보시로부터는 번영과 명성이 생기기 때문입니다.

1.54 옳은 길을 향해 행한 보시란 염오를 초래하는 것이 아니며,
염오를 일으키는 인색[44]이란 성자들의 가르침이 아닙니다.
이 같은 [옳은 길]과 다른 것은 그릇된 길(惡道)이라고
성인들은 말씀하십니다.

1.55 혹여 미천하다 여겨지는 걸인이 다가온다 하여도
[이는] 정각의 자량(資糧)을 강화하는 원인이므로,
스스로를 그들을 섬기는 하인으로 여겨
도움이 될 선우(善友)로서 아끼는 마음을 가져야 합니다.

1.56 구걸하는 이들을 달랜 후, 위대한 이들이 지닌
탐욕 등 [삼독]은 점차 옅어지게 되므로,
그렇기에 축제가 다가오는 것보다도
구걸하는 이들이 찾아오는 것[45]이 그들에게는 기쁜 일이 됩니다.

sa cet punar yācanake ’pi labdhe
dātuṃ na śaknoty atidurbalatvāt |
tenānuneyo madhu*reṇa sāmnā *3r1
sa yācakaḥ syān na yathā samanyuḥ || 1.57 || upajāti (ārdrā)

kāryaś ca mātsaryavinigrahāya
mohaprahāṇāya ca tena yatnaḥ |
tathā yathā yācanakaḥ kadācid
vaimukhyadīno na tato ’bhyupaiti[1] || 1.58 || upajāti

sambodhicittaṃ kuta eva tasya
dravye ’pi yo matsaram abhyupaiti |
vāsaḥ sucittasya hi nāsti doṣair
ambhonidhānasya śavair yathaiva || 1.59 || indravajrā

tasmāt tyaktvā sarvataḥ sarvadoṣān
bodhiprārthī sarvadā sarvadaḥ syāt |
*trātuṃ lokān ekavīraṃ[2] kva cittaṃ *3r2
ceṣṭā dainyānūrjiteyaṃ kva caiva || 1.60 || śālinī

[1] tato bhyupaiti] K; tato vyapaiti Med. Sed.
[2] ekavīraṃ] K Sed.; ekavīraḥ Fed. Med.

1.57 만약에 마주친 걸인이 매우 허약해져 있어
보시를 받기 불가능하다면,
비탄에 머물지 않도록
기꺼이 그를 다정하게 보살펴 살펴야 합니다.[46]

1.58 걸인은 [사람들이 자신을] 피할 것이 두려워
절대 [사람들에게] 다가오지 않으려 합니다.
[보시도] 마치 이와 같기에,
인색을 없애고, 어리석음을 제거하기 위해
노력을 다하여야 합니다.[47]

1.59 물질적 소유에 욕심이 생긴 이에게
어찌 보리심이 있을 수 있겠습니까?
마치 시체가 바다에는 머물 수 없듯이
실로 [보리심을 지닌] 올곧은 마음에는
어떤 허물도 머물 수 없기 때문입니다.[48]

1.60 그러므로, 완전히 모든 허물을 버리고 깨달음을 추구하는 자는
언제나(sarvadā) 모든 것을 베푸는 이(sarvadaḥ)가 될 것입니다.
세상을 구하고자 하는 유일한 영웅[과도 같은] 마음과
비루하고 무기력한 이러한 행위 사이의 간극은
[얼마나 까마득하겠습니까.].[49]

mūlaṃ dānasyāsya sambodhicittaṃ
tan na tyājyaṃ ditsatā dānam īdṛk |
taṃ saṃbuddhās tyāginām agram āhur
yo lokeṣu tyāgam ādhitsur agram || 1.61 || śālinī

|| dānapāramitāsamāsaḥ ||

1.61 보시의 뿌리는 보리심입니다.
보시를 행하고자 한다면
그 [보리심을] 절대 포기해서는 안 됩니다.
세상에서 가장 으뜸인 보시를 열망하기에
정각을 이룬 분들께서는 그를
'보시자들 가운데 으뜸'이라 부릅니다.[50]

보시바라밀다 [가르침의] 요약[을 마칩니다].

【 주 】

1 1.1d *kuryāt parātmavyatihāram*]에 대한 의역으로서, '타인과 자신의 상호 교환을 행해야 한다'고 직역할 수 있다. 이는 곧 타인을 자신처럼 여기는 마음이 보시행을 시작하기 위한 전제임을 뜻한다. 이와 유사한 내용으로 『입보리행론(*Bodhicāryāvatāra*)』의 게송(Cf. aviṣādabalavyūhatātparyātmavidheyatā | parātmasamatā caiva parātmaparivartanam || 7.16, parātmasamatām ādau bhāvayed evam ādarāt | samaduḥkhasukhāḥ sarve pālanīyā mayātmavat || 8.90)을 참조해 볼 수 있다.

2 1.2d *tyāga-*] 사본의 yoga에서 교정. 본 산스크리트 사본의 글자 특징상, e, o의 이중모음들을 표시하는 연결선(ligature)이 자음의 앞쪽 머리 바로 앞에 작은 갈고리 모양처럼 표현되므로, 'yo'와 'tyā'가 유사한 모양을 지닌다. 이러한 서체의 유사성이 두 가지의 다른 읽기를 초래한 것으로 보인다. Cf. 『자타카말라(*Jātakamālā*)』 5.30에서도 동일한 용례가 발견된다. aho bataudāryaviśeṣabhāsvataḥ pramṛṣṭamātsaryatamisratā hṛdaḥ | pradānasaṃkocavirūpatāṃ gataṃ dhane pranaṣṭe 'pi na yattadāśayā ||. 여기에서 pradāna와 dāna, 그리고 tyāga는 모두 동의어로, 일반적으로 보시(布施), 희사(喜捨) 등으로 한역된다.

3 1.2d *tyāgasaṃkocavirupatā*] 원문의 표현을 직역하자면 '보시에 의한 위축으로 변형된 상태'라고 이해할 수 있다.

4 1.3] 『자타카말라』 5.14(mātsaryadoṣopacayāya yaḥ syān na tyāgacittaṃ paribṛṃhayed vā | sa tyāgam evārhati madvidhebhyaḥ parigrahacchadmamayo vighātaḥ ||)에서도 이와 동일한 게송이 발견된다. 『자타카말라』 게송의 경우는 남성명사 vighātaḥ(장애)가 주어이지만, 이 게송에서는 보살을 주어로 하고 vighāta를 목적격으로 취급한다. 동사 arhati를 『자타카말라』의 경우에는 '할 가치가 있다'로 번역하며, 『바라밀다요약』의 경우에는 '할 수 있다'로 탄력적으로 이해할 수 있기 때문에, 두 게송의 의미가 크게 다르지 않다. 다만, 구문론의 구조적인 측면에서 보자면, 『자타카말라』가 좀 더 고문체의 성격을 띠고 있는 것으로 보인다.

5 1.4] 이와 유사한 게송을 『자타카말라』 5.13(tan madvidhaḥ kiṃ svid upādadīta ratnaṃ dhanaṃ vā divi vāpi rājyam | yācñābhitāpena vivarṇitāni prasādayen nārthimukhāni yena ||)에서도 찾을 수 있다.

6 1.6] '코끼리의 목욕(gajasnāna)'은 보통 코로 물을 뿜어 몸을 씻은 후에 다시 흙을 뿌려 목욕을 마무리하는 것을 빗대는 말로, 효과가 없거나 무용한 결과를 비유할 때 쓰인다. 여기서는 외부 대상이 마음에 어떤 영향도 주지 못한다는 비유로 사용되고 있다. Cf. 『사운다라난다(*Saundarananda*)』 15.14 : nivṛttaṃ yasya dauḥśīlyaṃ vyāpādaś ca pravartate | hanti pāṃsubhir ātmānaṃ sa snāta iva vāraṇaḥ ||

7 1.7] 동일한 게송이 『자타카말라』 9.25(dravyeṣu bāhyeṣu ka eva vādo dadyām ahaṃ sve nayane śiro vā | imaṃ hi lokārtham ahaṃ bibharmi samucchrayaṃ kim bata vastu bāhyam ||)에서 찾아진다.

8 1.11c *hi sarvam*] 두 개의 편집본은 사본에 대한 정보를 전혀 언급하고 있지 않은 것으

로 보아, 아마도 본 사본의 글자 특성상 'hi'와 'ki', 그리고 'rva'와 'rtha'가 유사하여 오독(誤讀)된 것으로 보인다. 참고로, 해당 부분 hi sarvaṃ은 티베트본에도 thams cad라고 번역된다.

9 1.11c *na svābhimanaḥ*] 본 편집본은 parakīya와 대조를 이루는 sva-를 지지하는 길기트 사본의 리딩을 따랐다. 하지만 전승 과정에서 sva-와 거의 동일한 의미의 ātma-이라는 독법 또한 함께 유통된 배경에는 비불교에서 주장하는 상주하는 불멸의 자아인 아트만(ātman)을 비판하고자 하는 의도가 있는 것은 아닐까 싶다.

10 1.12cd *tam bodhisattvātiśayaṃ ... mahāsattvam*] '뛰어난 보살, 곧 마하살'. 반야경류에서 등장하는 보살의 이타(parārtha)적인 측면이 함축하기 보살의 뒤에 마하살(Mahāsattva)라는 칭호가 붙는다고 하는 입장이 이미 녹아들어 있음을 볼 수 있다. 『현관장엄론(*Abhisamayālaṃkārāloka*)』 1장 中(*bodhau sarvadharmāsaktatāyāṃ svārthasampadi sattvam abhiprāyo yeṣāṃ te bodhisattvāḥ. śrāvakā api syur evam ity āha – mahāsattvā iti | mahātyāṃ parārthasampadi sattvam yeṣāṃ te mahāsattvāḥ mahatvaṃ cānyathāpi tīrthikasādhujanavat syād iti bodhisattvagrahaṇam*)를 참조.

11 1.14d] nayānaya-sthāna-kuśala라는 용어는 『무량수경(無量壽經)』에서도 찾을 수 있다. 『입보리행론』 3.4.의 주석 *Pañjikā*에서도 "*dharmapradīpaṃ kurvantv iti ajñānatamovṛtānāṃ sattvānāṃ mārgāmārgaviśeṣaparijñānavikalānāṃ dharmadeśanātmakam ālokaṃ kurvantu*"라고 말한다. "[게송에서] 법의 등불을 [중생에서] 비춰주십시오'라는 말은 무지라는 어둠에 휩싸인 중생들에게, 무엇이 바른 상태인지 그른 상태인지를 구분하는 완전한 지혜가 부족한 그들에게, 법의 가르침을 만들어진 빛을 비춰주십시오라는 [뜻이다.]"

12 1.17c *cittam*] 두 사본이 cittaṃ이라는 읽기를 전하고 있음에도 Saito 편집본은 티베트어 번역 rnam pa mang에 입각해 이를 citraṃ으로 교정했다. 여기서 ābhāraṇa와 parikarman은 장신구, 장엄을 뜻하는 동의어로 사용되는 것을 감안할 때, 티베트역에 근거한 교정인 '다양한 장식(parikarman citram)'이라는 이해보다, 보시의 완성을 성취하기 위해 해야 할 '[보살의] 준비작업(parikarman)이란 마음(cittam)'이라고 게송의 의미를 파악하는 게 문맥상 더 적절할 것으로 보아 사본의 리딩을 선택했다.

13 1.18a] pratibhāna는 붓다의 막힘없는 설법 능력을 의미하며 변재(辯才) 혹은 변설(辯說) 등으로 한역된다.

14 1.18a] 여기서 붓다의 [열 가지] 힘이란 여래(tathāgata)가 지니게 되는 열 가지 지혜의 힘(十智力)을 뜻한다. 『유가사지론』의 「보살지」와 『구사론소(俱舍論疏)』 등에 따르면, 십력의 자세한 내용은 다음과 같다. 1. 경우에 맞고 맞지 않음을 아는 힘(處非處智力), 2. 자신의 업을 아는 힘(業異熟智力), 3. 선정과 해탈, 삼매와 등지를 아는 힘(靜慮解脫等持等至智力), 4. 근의 탁월함과 탁월하지 않음을 아는 힘(根上下智力), 5. 다양한 승해를 아는 힘(種種勝解智力), 6. 다양한 세계를 아는 힘(種種界智力), 7. 일체중생이 겪는 윤회의 갈래[道行]를 아는 힘(遍趣行智力), 8. 전생에 머물던 곳을 기억함으로써 아는 힘(宿住隨念智力), 9. 죽음과 재생을 아는 힘(死生智力), 10. 누(漏)의 소멸을 아는 힘(漏盡智力). 참고. 안성두(2015), 『보살지(菩薩地)』, pp.408-9.

15 1.19b] svarga(천상)은 일반적으로 apavarga(해탈)과 상반되는 개념으로, 불교에서는 해탈이 최종적인 목표가 되지만, 브라만교에게는 '희생제의' 등을 통해 '천상에 태어나는 것'을 궁극적인 목적으로 삼는다는 점을 비교한 문장으로 볼 수 있다. 1.19b의 svargasaṃpattiparigrahāya에 해당하는 티베트역은 *rang gi phun sum tshogs pa*

*bsgrub phyir min*으로 svarga-를 sva-로 번역하고 있다.

16 1.20c *mahāyānamatiḥ*] 네팔 사본의 mahāyānarati-라는 읽기는 티베트역도 'mos pas'로 이를 지지한다. 이를 번역하자면, '대승에 대한 애정을 지닌 [지도자]'라고 해석할 수 있다. 하지만 이에 대해 Meadows(cf. p.269), 여기에 신체적 쾌락과 즐거움을 일반적으로 뜻하는 'rati'라는 단어를 사용하고 있는 것은 일반적이지 않은 용례라고 지적한다. 이에 여기에서는 '대승에 대한 지식을 지닌 [세존]'이라는 의미에서 좀 더 오래된 전승본으로 여겨지는 길기트 사본의 -mati를 채택했다. 하지만 분명히 후대의 전승은 'rati'였음은 분명해 보인다. 추가적으로, 『능가경(楞伽經)』 등에서 나타나는 용례를 참고하여 '대승의 길을 걷는 분'이라는 뜻에서 'mahāyānagatiḥ'라는 독법도 제안해 볼 수 있다.

17 1.21] 직역하면 '의복을 보시하는 예절을 행하다'로 이해할 수 있다. 1.21송에 해당하는 티베트역은 범본의 의미와는 다소 상이하다. rgyu las byung ba와 grangs med mang po에 해당하는 산스크리트어가 원문에는 없으며, kālānuguṇān 등에 해당하는 티베트역도 찾을 수 없다.

18 1.22d] 인도 불교에서 caitya는 부처님의 사리가 모신 사리탑(stūpa) 자체는 물론이고, 그러한 성물을 모시고 있는 신성한 공간을 지칭한다.

19 1.24b *rasārasajñatvaparigrahāya*] 이 부분은 의미가 가장 자연스럽게 번역되는 길기트 사본의 리딩을 따라서, '[진정한] 맛과 그렇지 않은 맛을 아는 상태를 완전히 갖추기 위하여'라고 이해하였다. Meadows와 Saito의 편집본에서 채택한 읽기인 rasārasāgratva-parigrahāya는 '[진정한] 맛과 그렇지 않은 맛의 최상을 완전히 갖추기 위하여'라고 번역할 수 있는데, 의미상 매끄럽지 못하다. 이러한 이유 때문에 Ferrai의 편집본은 이를 'rasarasāgratvaparigrahāya(맛 중에 최고의 맛을 온전히 갖추기 위하여)'라고 교정을 했었다고 유추해 볼 수 있다. 이러한 이독들이 생긴 이유는 -jña-와 -gra-의 서체의 유사성에 기인한 것으로 보인다.

20 1.26] 『보살지(*Bodhisattvabhūmi*)』에서도 '모든 측면에서의 보시(sarvākāra-dāna)' 중 하나로서 '비난없는 보시(anavadya-dāna)'가 언급된다. 보살들이 상황에 따라서 자신의 아내나 자식까지도 보시하는 일화가 전생담에서는 자주 등장하는데, 이 용어는 보살의 이러한 보시는 사회적이나 윤리적으로 비난을 전혀 일으키지 않는 행위라고 해설한다. 이러한 이해에 맞추어, 본 게송의 직역은 '정각을 아끼기에 비난 받지 않은 보시, [즉] 사랑하는 자식을 보시한다'이지만, 의역하였다.

21 1.28a *udyānatapovanāni*] 네팔 사본과 기존 편집본의 선택에 따라 '정원과 고행의 숲'이라고 번역했지만, *utpādya tapovanāni*라는 길기트 사본의 읽기에 따르자면, '선정을 위해서는 고행의 숲을 조성하고선'이라고 번역할 수 있다.

22 1.28d *rājyāni cājñāpanamaṇḍitāni*] 왕의 권위있는 명령으로 '장엄된(maṇḍita)' 왕국이라는 표현을 내포하는 길기트 사본과 티베트역의 전거에 따라 번역하였지만, 네팔 사본의 읽기인 -paṇḍitāni라는 이독을 따라 번역하자면, '바른 조언을 하는 현자들이 상주하는 왕국을 보시한다'는 문맥으로 이해할 수 있다. 양자의 독법 모두 어느 정도 의미가 통하기는 하나, 보시의 내용으로서 '왕의 권위'까지도 내놓는다는 문맥이 보살의 다양한 보시의 예시로서 좀 더 적합할 것으로 판단하여 이러한 이해를 따라 번역했다.

23 1.29a *cakrāṅkitābhyāṃ*] 부처님의 서른두 가지 특징 중 하나인 '발바닥에 새겨진 수레바퀴 모양(足下二輪相; 雙足下現千輻輪相; cakrāṅkita-hasta-pāda-tala)'을 지칭한다.

24 1.31] 다섯 가지 신체기관(오색근, 五色根)과 구별되는 삼십칠도품(三十七助道品, bodhipākṣika) 중 오근(五根)을 언급하는 것으로, 번뇌를 제거하고 깨달음을 향하게 하는 데에 뛰어난 힘을 지닌 다섯 가지 기관(indriya)을 지칭한다. 즉, 신근(信根, śraddhendriya), 정진근(精進根, vīryendriya), 염근(念根, smṛtīndriya), 정진(定根, samādhīndriya), 혜근(慧根, prajñendriya)을 말한다.

25 1.32] 몸뚱이란 단지 지수화풍공이란 오대가 집적된 것일 뿐인데, 그 신체를 세상을 돕는 데 쓸 수 있다면 그야말로 신체가 할 수 있는 가장 가치 있는 일이 아닐지 보살은 반문한다.

26 1.33] 걸인의 요청에 공경을 표하기 위해 심지어 '몸에서 가장 으뜸인 부분(uttamāṅga), 즉, 머리'라고 할지라도 내놓는다는 표현에서 '머리'가 복수형으로 표현된 것은 보살이 이번 한 생뿐이 아니라 여러 생을 통해서 이 같은 보시를 해왔음을 함축한다. 그러니 몸에서 가장 으뜸(uttama)인 머리일지언정 거뜬히 내놓았는데, 몸의 다른 부분들은 지금까지 얼마나 많이(prāg eva) 보시해 왔겠는가.

27 참고. 길기트 사본에는 1.34 게송이 포함되어 있지 않다.

28 1.34-35] 인도의 우기 동안 하늘은 우르릉 소리를 내며 번개를 동반한 시커먼 먹구름으로 가득찬다. 그리고 그렇게 무거워진 구름은 결국 엄청난 폭우를 쏟아내며 순식간에 온 세상을 적신다. 이러한 계절적 풍광에 빗대어 저자인 아리야슈라는 보살을 '하늘에 가득한 구름'으로, 그의 보시행을 '쏟아지는 비'로 비유한다. 보시라는 단비는 결국 세상을 갈증으로부터 벗어나게 하고 무럭무럭 자라게 하는 양분이 될 것이다. 그리고 비는 물결을 이뤄서 우리를 최종의 목표인 '완전한 깨달음'이라는 큰 바다로 흘러들어가도록 이끌어 줄 것이다.

29 1.36] 보살의 보시는 어떤 이유에도 얽매이지 않는다. 자신의 기분에 따라 변덕스럽게 행하거나 보시하기 위해서 누군가에게 피해를 입히는 일은 있을 수 없다. 어쩔 수 없이 억지로 하거나 남의 시선을 의식하는 등 부정적인 연유로 하는 보시나, 혹여라도 보시를 받는 이가 보시를 받기에 충분한지를 염두해 두는 베풂은 보살의 보시행이 아니다.

30 1.37] 보살의 보시행은 받는 이의 자격을 평가하지 않는다. 구걸하는 이들이 잘 차려진 음식을 바란다고 해서, 그들을 공경할 필요가 없다고 생각하여 먹기 힘든 형편없는 음식을 내놓거나, 그들의 마음을 상하게 할 만한 처사를 하는 일은 있을 수 없다.

31 1.38] 바른 보시에 상대적인 상황이란 없다. 자신을 공손히 대한다고 해서 상대방에게 거만해지거나, 자신보다 잘났다고 생각해서 비위를 맞추며 약하게 굴지 않는다. 나아가 스스로의 행동을 자랑하지도 않으며 다른 이를 힐난하지도 않는다. 상황에 따라 일관적이지 않은 태도는 바른 보시행을 위한 태도가 아니기 때문이다.

32 1.39] 보살의 보시란 중생을 위한다는 확고한 의도와 확신에서 나온다. 잘못된 행위를 통해 얻어진 것은 절대 보시해서는 안 되며 베풀고 나서 후회하는 보시도 옳은 보시가 아니다.

33 1.40b *nāślāghamāno 'lpataram*] 사본 읽기인 ślāghamānaḥ와 nāślāghamānaḥ를 그대로 따른 것이나, 기존 편집본들은 이들은 ślāghyamānaḥ와 nāślāghyamānaḥ라고 교정해서 읽었다. 그에 따르면 '칭송받는 이라고 해서 많이 베푸는 것도, 칭송받지 않는다고 해서 적게 보시하는 것도 아니다'라고 번역할 수 있다. Kudo(2013b)에 따르면 길기트(Gilgit)본의 해당 부분을 glāyaṃ na caivāvipulaṃ라고 보고하지만, glāyaṃ의 의미

가 명확하지 않기 때문에 네팔 사본과 의미가 통하려면 ślāgho로 교정할 수 있을 듯하다.

34 1.40-1] 이 게송들에서는 많이 가졌다고 해서 많이 베푸는 것도 아니며, 보시가 보잘것없다고 생각해서 자신의 보시를 드러내지 않는 것도 아님을 말한다. 비록 보시의 동기가 거창하지 않을 수도 있고, 의도치 않게 베푼 것이라고 할지라도, 그 보시물이 받는 이들에게 도움이 될 수도 있다. 하지만 보살의 보시는 베풀어야 하는 때를 정확히 아는 것이며 변함없이 지속하는 것이다. 보시의 완성(dānapāramitā)이 향하는 길은 결국 자리이타를 동반한 완전한 깨달음이기 때문이다. 본 작품은 대승적 입장을 담은 게송이기 때문에 41송에서는 소승의 목적만을 위해 행하는 보시를 지양해야 한다고 밝힌다.

35 1.42] 마지막 구절에 해당하는 티베트어역은 *gshan gyi srog la gnod phyir sbyin mi byed*로 *hasitam*에 해당하는 부분이 생략되어 있다.

36 1.44] 보시의 완성, 즉 보시바라밀다는 보시자가 청정함을 얻음으로써 완성되는 것이다. 청정한 상태에 이른 보살이 그 동안 쌓아온 보시의 공덕이라는 것은 세상 모든 이들의 공덕과 비교한다고 할지라도 적은 것이 아니다.

37 1.45] 비가 내리면 그 빗방울들은 대지의 어디도 남김없이 모든 곳에 도달하며, 그 빗줄기는 지속적으로 내려오는 것이다. 마치 그와 같이, 게송은 보살의 보시도 모든 세상을 두루 살피고 끊임없이 이어진다는 것을 비에 비유하여 설명하고 있다.

38 1.46] 변하지 않는 확고한 지혜는 무상하고 허물어지기 쉬우며 조건지어진 삼계로 인해 더럽혀지거나 가려지는 것이 아니다. 그러므로 하늘을 [수승한] 지혜에, 구름은 삼계에 빗댈 수 있다. 구름에 일시적으로 가려질 수는 있지만, 구름 너머의 하늘은 가려지지도 구름에 물들지도 않기 때문이다.

39 1.47abc] 본 게송은 보시를 공(空), 무상(無相), 무원(無願)이라는 삼해탈문의 측면에서 하나씩 빗대어 설명하고 있다.

40 1.47-8] 보살의 보시는 어떤 상에 머문 것이 아니라 공성이라는 측면에 부합하는 것이다. 이를 통해 갖춰진 청정한 마음은 어떤 소유도 결국 무상하다는 것을 잘 알고 있기 때문에 어디에도 걸리지 않는 완전한 보시를 행하면서 동시에 세상의 모든 존재를 향한 자비를 갖추게 된다.

41 1.51c *dhanaṃ narāṇām*] Cf. 사본 K는 *dhanan varāṇām* 혹은 *dhanan narāṇām*라고 읽을 가능성이 모두 있어 보이나, 티베트역의 *mi yi*에 따라 *narāṇām*으로 파악했다.

42 1.51] 소유라는 것은 진정한 행복이 아니다. 영원히 소유할 수 있는 것도 없다. 소유해서 생기는 집착은 고통과 두려움을 낳게 되므로, 게송은 이를 작은 불씨에 비유한다. 왜냐하면 아무리 작은 불이라고 할지라도 계속해서 붙들고 있으면 결국 모든 것을 집어삼키는 큰 불이 될 것이기 때문이다.

43 1.53a *viduṣām*] 남성명사 vidvas의 복수 속격(pl.Gen.)은 단수 도구격(sg.Inst.)인 viduṣā로도 교정해서 읽어도 크게 의미가 달라지지 않는다. 왜냐하면 미래수동분사의 행위 주체는 구격 혹은 속격으로 표현될 수 있기 때문이다. 다시 말해, 동사적 의미가 우세하면 구격으로, 형용사적 의미가 우세하면 속격으로 행위 주체가 표현될 수 있다(Cf. Sanskrit Syntax §066). 하지만 여기서는 '칭송할 만한 것'이라는 형용사적 의미가 좀 더 자연스럽다고 판단했다. 직역하면, '현자들에게 있어서는 보시된 것이 칭송할 만한 것이다'라고 번역할 수 있다. 이 게송과 유사한 아이디어는 Meadows가 인용하듯이, *Ugradattaparipṛcchā*(Śikṣā 819)의 "yad dattaṃ tat sarvabuddhapraśastam, yad gṛhe

tad bālajanapraśastam(보시된 것은 모든 붓다들에 의해서 칭송되고, 집에 둔 그것은 어리석은 이들에 의해서 칭송된다.)"이라는 구절에서도 나타난다.

44 1.54] mātsarya는 '남의 것을 시기하는 질투'보다는 자신이 갖고 있는 것을 남과 나누기 싫어하는 인색함의 의미를 내포한다(참고: *Abhidharmakośabhāṣya:* dharmāmiṣakauśala-pradāna-virodhī cittāgraho mātsaryam). 이와 반대로 남의 성공과 가진 것에 대해 화가 나는 '질투'는 īrṣyā에 가깝다(parasaṃpattau cetaso vyāroṣa īrṣyā).

45 1.56] 보시를 완성한 성인들에게 축제란 다름 아닌 베풀 수 있는 많은 사람들이 찾아오는 것이다.

46 1.57] 보시를 받는 이의 상태를 면밀히 살펴 그에 맞게 보시를 행해야 한다는 점을 강조하고 있다.

47 1.58] 보시를 베풀 수 있는 상황이나 기회는 스스로 만들어야 한다는 점을 상기시키면서, 이러한 보시행은 궁극적으로 인색과 무지를 제거하는 데에 유용하다는 점을 설명한다.

48 1.59] 이 게송에서 곧은 마음(sucitta)은 바다(ambhonidhāna)에, 시체(śavaiḥ)는 과오(doṣaiḥ)에 비유되고 있다. 보살의 옳은 마음에는 어떤 과오도 남지 않는다. 게송은 이를 마치 강물이 흘러 들어오면서 생기는 거대한 파도 덕분에 바다 주변에는 시체 등이 남겨질 수 없는 것과 같다고 비유한다. 그리고 게송에서 matsara/mātsarya는 '스스로가 가지고 있는 것을 남에게 내주기 싫은 마음'을 지칭하기 때문에, 구체적으로는 '인색'이라고 번역되나 여기서는 광의로서 '탐'을 강조하는 번역을 채택했다.

49 1.60] 마음과 행위는 결국 같은 몸으로 하는 것이지만, 결국 옳은 마음을 지니는 것과 미천한 행위를 하는 것이 얼마나 천차만별인지를 게송은 강조한다. '어디'라는 의미를 지닌 의문 대명사 kva가 게송 안에서 두 번 쓰이는 경우는 문장의 두 가지 주체가 지닌 본질의 차이가 비교할 수 없을 정도로 클 때, 이를 강조하기 위해 쓰이는 표현이다.

50 1.61] 게송은 우리가 할 수 있는 보시 중에 가장 으뜸의 보시란 다름 아닌 정각을 얻고자 일으키는 보리심(bodhicitta)에 뿌리를 둔 보시라고 강조한다.

제2장

지계바라밀다 가르침의 요약

Śīlapāramitā-samāsa

saṃbuddhaśīlābharaṇābhirāmān[1]
kartuṃ janān utpatitādareṇa[2] |
svam eva śīlaṃ pariśodhyam ādau
śīlaṃ hi śakter bala*m ādadhāti || 2.1 || *3r3
upajāti (śālā)

loke tathā prema niveśayeta
svapne 'pi na droharucir yathā syāt |
paropakāraikarasaḥ pareṣāṃ
bhogān ahīnām iva na spṛśec ca || 2.2 || upajāti (śālā)

dvandvapravṛtter vinivṛttabuddhiḥ
prāg eva dārapraṇayāt parasya |
kurvīta lokasya hitārthakartrīḥ
kāyena ceṣṭāḥ sujanasya ceṣṭāḥ || 2.3 || indravajrā

mādhuryaramyām api kālayuktāṃ
satyānukūlām avibhedinīṃ ca |
sa*ddharmatattvādhigamāya vāṇīṃ *3r4
brūyād vipakṣād uparamya tasyāḥ || 2.4 || upajāti (bālā)

---

[1] -bhirāmān] K^{pc} Fed. Med. Sed., -bhirāmāś K^{ac}
[2] -dareṇa] K^{pc} Fed. Med. Sed., -dāreṇa K^{ac}

2.1 사람들을 정각자의 계(戒)로 장엄시키고자
열망을 일으킨 이는 먼저 자신의 계율부터 청정히 해야 합니다.
왜냐하면 [청정한] 계율이 [목표를 이루기 위한] 능력에
힘을 불어 넣어주기 때문입니다.

2.2 심지어 꿈에서조차 해하려는 마음이 생기지 않도록
세상 사람들에게 애정을 쏟아부어야 합니다. (불살생)
타인을 돕고자 하는 단 하나의 뜻을 지닌 이는,
남의 소유물을 마치 뱀처럼 여겨
절대 만지려 해서는 안 됩니다.[1] (불투도)

2.3 짝을 지어 사는 데에서 마음이 완전히 떠난 이에게
하물며 남의 아내를 탐하는 마음이 있을 수 있겠습니까. (불사음)
그는 자신의 몸으로써 선인이 바라는 행위와
세상의 이익을 가져오는 행위를 지어야 합니다.[2]

2.4 [중생이] 정법의 진리를 얻을 수 있도록
다정하여 듣기 좋으면서도 시의적절하고,
진실에 상응하여 불화를 일으키지 않는 말을 해야 합니다.
[그러나,] 이와 반대되는 [말]은 삼가야 합니다.[3] (불망어)

kāryaṃ prayatnena mayā parasmai[1]
tatsādhanena[2] svayam eva labdham |
parasya saukhyeṣv iti tuṣṭacittaḥ
kuryān manonirviṣayām abhidhyām || 2.5 || upajāti (śālā)

mamaiva daurbalyam idaṃ yad eṣa
kleśāsvatantraḥ svahitaṃ na vetti |
parāparādheṣv api kārya evaṃ
vyāpādavahnipraśamāya[3] yatnaḥ || 2.6 || viparītākhyāni

*kudṛṣṭisaṃjñaṃ ca tamaḥpratānaṃ *3r5
jñānaprakāśair[4] manaso nirasya |
kuryād ahāryāṃ naradevavarye
bhaktiṃ guṇābhyāsavirūḍhamūlām || 2.7 || upajāti (kīrti)

svargasya mokṣasya ca satpathebhyo
naivoccalet karmapathebhya ebhyaḥ |
atra sthitānāṃ hi jagaddhitārthāś
cintāviśeṣāḥ[5] saphalībhavanti || 2.8 || indravajrā

---

[1] parasmai] *em.* (Tib. *gzhan gyi*); yad asmai K Fed. Med. Sed.

[2] sādhanena] K Fed. Med., sādhv anena Sed.

[3] vyāpādavahinipraśamāya] Fed. Med. Sed., vyāpādavahniḥ praśamāya K

[4] jñānaprakāśair] Fed. Med. Sed., jñānaṃ prakāśair K

[5] cintāviśeṣāḥ] K^{pc} Fed. Med. Sed., cintāviśeṣā K^{pc}

2.5 '나는 남을 위해 노력을 다해야만 한다!
그러한 성취가 바로 자신에게 득이 되는 것일지니'[라며]
다른 이의 행복에 기꺼워하는 마음이 있다면,
결코 탐욕을 마음의 경계로 삼아서는 안 됩니다.[4]

2.6 번뇌에서 자유롭지 못한 이는[5]
'나는 [남을 돕기]에 부족하다'고 여기면서
[그것이 결국] 자신을 위한 것임을 알지 못합니다.
이와 같이 타인의 잘못에 대해서도 또한
악의(惡意)라는 불을 잠재우는 데 애를 써야 합니다.[6]

2.7 그리고, 어리석은 견해와도 같은 어둠(= 無智)의 덩굴싹을
지혜의 빛을 통해 마음에서 몰아내 버린 후에,
반복적으로 덕을 수행하는 데에 뿌리가 되어줄
인간과 신 가운데 최상[인 붓다]에 대한 믿음을
절대 흔들리지 않도록 확고히 해야 합니다.[7]

2.8 천상과 해탈을 향한 바른 길을 가기 위해서는[8]
이러한 행위의 길에서 절대 벗어나서는 안 됩니다.
실로 이 [길]에 머무는 자 중에서도 세상을 도우려는 목적을 지닌,
뛰어난 마음을 지닌 자들[만]이 결실을 맺을 수 있기 때문입니다.

samāsataḥ śīlam idaṃ vadanti

yaḥ samvaraḥ kāya*vacomanastaḥ | *3r6

kārtsnyena cātraiva yataḥ sa[1] tasmāt

etān prayatnena[2] viśodhayec ca || 2.9 || upajāti

hiṃsānivṛttapraṇayo dadāti

saumyasvabhāvād abhayaṃ janānām |

yā vāsanā doṣakṛtāsya citte

tāṃ cāprayatnena samucchinatti || 2.10 || upajāti

maitrīviśeṣānugate ca citte

vairānubandheṣu śamaṃ[3] gateṣu |

sukhaprabodhaḥ sukham eva śete

kṣīṇāśubhasvapnavi*kāradoṣaḥ || 2.11 || *3r7
upajāti (śālā)

kurvanti rakṣāṃsy api cāsya rakṣāṃ

na durgatibhyo bhayam abhyupaiti |

prāpnoti cārogyaguṇābhirāmam

āyuḥ prakṛṣṭaṃ sugatipratiṣṭham || 2.12 || upajāti

---

[1] yataḥ sa] Med., yatas sa K, yateta Sed., yatasva Fed.

[2] etān prayatnena] K Fed. Sed., etāny ayatnena Med.

[3] śamaṃ] Fed. Sed. Med. (Tib. *zhi*); samaṃ K

2.9 몸과 말과 마음을 제어하는

이것을 요약해 계(戒 śīla)라 부릅니다.

이 [불법의 길]에 온전히 들어서 있는 이는, 그러므로

전력을 다해 이 [신구의(身口意)계]들을 청정히 해야 합니다.[9]

2.10 [남을] 해하려는 의도가 전혀 없는 이는

본성이 다정하여, 사람들에게 두려움을 주지 않습니다.

허물이 만들어낸 훈습이 그의 마음에 있다 하여도,

그는 이제 노력 없이도 [허물을] 저절로 끊어내게 됩니다.[10]

2.11 그리하여, 그의 마음은 뛰어난 자애를 행하면서도

증오라는 족쇄들 속에서도 평정하므로,

악몽으로 변해서 나타날 수도 있는 모든 허물을 벗어나

편안하게 일어나고, 편안하게 잠에 듭니다.[11]

2.12 심지어 나찰(羅刹)들의 보호까지도 받게 되며,

악도(惡道)에 대한 두려움도 생겨나지 않습니다.

나아가 질병에서 벗어나,

선도(善道)의 토대가 될 긴 수명을 얻습니다.[12]

ataś ca sambodhim upāgatānāṃ
tathāgatānām amitaprayāmam |
nirvartate cittavaśānuvarti
lokasya saukhyopacayāya cāyuḥ || 2.13 || upajāti

anādadānas tu parasya bhogān
āpnoti bhogān mahā*taḥ paratra | *3v1
narendradāyādyagaṇair[1] ahāryān
girīn iva śvāsalavair[2] ahāryān || 2.14 || upajāti (ṛddhi)

ācāraśuddhyānugataḥ[3] priyatvaṃ
viśvāsapātratvam ihaiva yāti |
ataḥ paropakramanirviśaṅko
gatipratīghātam upaiti naiva || 2.15 || upajāti (vāṇī)

asārabuddhir dhanavistareṣu
bhavaty ayatnena viśuddhaśīlaḥ |
tasmād upakleśaviśuddhabuddhir
anuttarāṃ ca svayam eti bodhim || 2.16 || upendravajrā

---

[1] narendradāyādyagaṇair] K Sed., narendradāyādagaṇair Fed. Med.
[2] śvāsalavair] K Sed., śvāsanavair Med. Fed.
[3] ācāraśuddhyānugataḥ] K Sed., ācāraśuddhyānugata- Fed. Med.

2.13 그리하여, 세상 사람들의 행복이 커지도록 애쓰는
마음의 힘만큼이나 [길어진] 그의 수명은
정각을 이룬 여래들의 한량없는 [수명의] 길이만큼
늘어나게 됩니다.[13]

2.14 또한, 남의 소유물을 취하지 않는 그는
다음 생에서 더 큰 소유물을 얻습니다.
마치 바람들이 아무리 불어와도
[산에서] 봉우리들을 취할 수 없듯이,
왕과 그의 친족 등의 무리라고 할지라도
[그가 지닌 즐거움을 가져갈 수 없습니다.]

2.15 바른 실천을 통해 청정함을 따르므로 바로 여기 현생에서
[사람들에게] 소중한 존재이자 진리의 그릇이 되게 됩니다.
이로 인해 다른 이들에게 다가가는 데 두려움이 없으니,
그가 걷는 [바른] 길에는 어떠한 장애도 생기지 않습니다.[14]

2.16 많은 재산도 덧없다는 걸 알기에
따로 힘쓰지 않아도 계를 청정하게 닦습니다.
그 덕분에 부차적인 번뇌로부터도
정화된 통찰력을 갖추고 있기에,
스스로 위없는 깨달음을 얻습니다.

kāmeṣu mithyācaraṇān[1] nivṛtto
jitendriyatvāt praśamābhi*rāmaḥ | *3v2
prāpnoti lokastutibhiḥ samantāt
kīrtiṃ diganteṣu vikīryamāṇām || 2.17 || upajāti (vāṇī)

na cāpi kaṃcit pramadāsu rāgaṃ
karoti mātṝr iva vīkṣamāṇaḥ |
asmāc ca puṇyopacayān munīndraḥ
saṃjāyate vāraṇavastikośaḥ || 2.18 || upajāti (mālā)

vāco 'nṛtāyās tu nivartamānaḥ
prāmodyavāñ śāṭhya[2]vimuktacittaḥ |
ādeyasiddhyā vacanasya sattvān
karoti dharmābhimukhān ayatnāt || 2.19 || upajāti (bālā)

divaukasāṃ ca priya*tāṃ yad eti *3v3
satyapriyaś citram idaṃ na tādṛk |
devasvabhāvo guṇapakṣapātī
pratyakṣiṇas taccariteṣu te ca || 2.20 || upajāti

---

[1] mithyācaraṇān] Fed. Med. Sed., mithyācaraṇā K

[2] pramodyavāñ śāṭhya-] Fed. Med. Sed. (Tib. *gyo sgyu*), pramodyavān sādhya- K

2.17 욕망의 대상에 대한 잘못된 행위를 멈추고
[모든] 감관을 통제하여 완벽한 평정에 머물게 된 그는
세간 사람들의 칭송으로
온 세상에 가득 퍼진 명성을 얻게 됩니다.

2.18 또한 모든 여성들을 마치 어머니와 같이 여기므로
어떠한 욕망도 일어나지 않습니다.
이렇게 쌓인 공덕으로 인해 최고의 성자께서는
성기가 감춰진 모습[15]을 하고 태어납니다.

2.19 거짓된 말을 멈추고 기뻐하는 [보살]은
남을 속이려는[16] 마음에서 완전히 떠나 있습니다.
[진실하여 남이] 받아들일 수 있는 말씀을 하시므로
노력 없이도 중생들이 다르마(佛法)를 향하도록 만듭니다.

2.20 그러하니, 이처럼 진리를 사랑하는 분이
천상의 존재들에게 사랑을 받게 되는 것은
전혀 놀랄 만한 일이 아닙니다.
신과 같은 성품으로 공덕의 날개를 지니니,
그리하여 [천인들은] 그의 행위를 지켜보게 됩니다.[17]

pramāṇabhūto bhavati priyaś ca
yal laukikānām idam atra citram |
prāyeṇa loko hi guṇair daridraḥ
svenānumānena parān minoti || 2.21 || upajāti

tyaktveva nīlotpalinīvanāni
viśeṣadarśī kamalāyamāne |
tasyānane saṃśrayam abhyupai*ti *3v4
prahlādano gandhavidhir manojñaḥ || 2.22 || upajāti

bhrājiṣṇunā durgatitārakeṇa
jñānena paśyaṃś ca samāsamāni |
sa ātmasākṣī samupaiti lajjāṃ
yādṛcchikair apy aśubhair vitarkaiḥ || 2.23 || śālā

evaṃ sa śuddhaprakṛtiḥ krameṇa
na śaṅkyate ’nyair na ca śaṅkate[1] ’nyān |
tato ’sya satyābhyanuvartanī vāg
arakṣyatāṃ[2] yāti tathāgatatve || 2.24 || upajāti

---

[1] śaṅkate] Fed. Med. Sed., saṅkate K
[2] arakṣyatāṃ] K Sed., arakṣatāṃ Fed. Med.

2.21 그러나, 그가 세상 사람들의 모범이 되고
사랑을 받게 되는 것은 매우 놀라운 일입니다.
왜냐하면 실로 공덕이 부족한 세상 사람들은
대개 자신의 추측에만 근거해서
남들을 평가하기 때문입니다.[18]

2.22 마치 기분 좋은 향기가 [그의] 특별함을 보고 나서
푸른 수련이 우거진 숲을 버리고,
붉은 연꽃 같은 그의 얼굴에 자리 잡은 것처럼[19]
[그에게는 특별한 향기가 있습니다.]

2.23 악취로부터 [그를] 보호하는[20] 찬란한 지혜를 통해
옳고 그른 것을 살필뿐만 아니라 스스로도 살피므로,
우연하게 [일어난] 부정한 생각에도
부끄러움을 느낍니다.[21]

2.24 이같이 차례차례 본성을 정화했기에
그 [보살]은 누구의 의심도 받지 않으며,
그 또한 어느 누구도 의심하지 않습니다.
하여, 진리에 상응하는 그의 말은
마치 여래처럼 애써 조심할 필요가 없는 경지에[22] 이르게 됩니다.

kāyaḥ paropakramaṇair *abhedyaḥ *3v5

parair ahāryā parivārasaṃpat |

paiśūnyamūkasya[1] bhavaty abhedyā

śraddhā ca dharme pratipattisārā || 2.25 || upajāti (vāṇī)

maitrīm abhedyām avisamvadantīṃ

kṛpāṃ ca lokārtham asaṃtyajantīm |

prāpnoti cābhedyatamān munitve

janmāntarasthān api śiṣyasaṃghān || 2.26 || upajāti (vāṇī)

krodhasya sainyāgrarajaḥpratānaṃ

saṃkalpa[2]caṇḍānilaviprakīrṇam |

yaśo*vapurdhvaṃsanam ity apāsyaṃ[3] *3v6

maitryambuvāhaiḥ paruṣābhidhānam || 2.27 || upajāti (śālā)

asmān nivṛtto[4] madhurair vacobhir

lokasya cetāṃsi vaśīkaroti |

lokasya ca premṇi virūḍhamūle

saivāsya vāg grāhyataratvam eti || 2.28 || indravajrā

---

[1] paiśūnyamūkasya] K Sed., paiśūnyamuktasya Fed. Med. (Tib. *spangs*)

[2] saṃkalpa-] Fed. Med. Sed. (Tib. *rnam rtog*); sakalpa- K

[3] apāsyaṃ] Fed. Med. Sed., apāśyaṃ K

[4] nivṛtto] K Fed. Med., vivṛtto Sed.

2.25 [그의] 신체는 남들의 공격에도 파괴되지 않으며,
그를 따르고 보호하는 대중은
다른 이가 앗아갈 수 없습니다.
비방을 할 줄 모르는[23] [보살]의 믿음(śraddhā)은,
[붓다의] 가르침에 관한 실천 수행의 핵심이기에
결코 파괴되지도 않습니다.

2.26 [그는] 심지어 다른 생에서까지도
[그를 따르는] 제자의 무리를 얻습니다.
[제자들은] 전혀 사라지지 않는 일관된 자애심과,
세상을 위해서는 절대 포기하지 않을 연민심을 지녀,
성자(聖者)의 상태에서 결코 벗어나지 않습니다.

2.27 [남을] 비방하는 악한 말(惡口)이란
분노라는 군대들 앞에 먼지가 피어오르게 하며,
망상이라는 거친 바람을 가득 일으키며,
명성의 본질을 파괴하는 것이므로,
반드시 자애라는 비구름으로써 잠재워야만 합니다.[24]

2.28 이같이 [비난의 말을] 하지 않는 그는
다정한 말로써 세상 사람들의 마음을 사로잡습니다.
그리고 세상을 향한 그의 따뜻한 마음이 뿌리를 단단히 내렸을 때,
그의 말이 이르지 못할 것은 없습니다.

ataś ca lokāñ śataśo vinīya
teṣāṃ samāvṛtya ca duḥkhamārgam |
na durgatiṃ gacchati puṇyakarmā
dharmo hi rakṣeha paratra caiva || 2.29 || viparītākhyānikī

durād api vyakta*padānunādaḥ *3v7
śrīmān adūre 'pi sukhasvabhāvaḥ |
meghasvanodagrataras tato 'sya
brāhmaḥ svaro[1] vaktram alaṃkaroti || 2.30 || upajāti (kīrti)

abaddhavākyād virataḥ priyatvam
ekāntato yāti vicakṣaṇānām |
satyābhidhāne kramate sabuddhiḥ[2]
prāpnoti māhātmyam akṛtrimaṃ ca || 2.31 || upajāti

asmāc ca puṇyān munirājabhāve
gāmbhīryagūḍhān paripṛcchamānaḥ |
praśnān anekān api caikakā*le *4r1
niḥsaṃśayaṃ vyākurute sa vācā || 2.32 || indravajrā

---

[1] brāhmaḥ svaro] K^{pc} Sed., brahmaḥ svaro K^{ac}, brāhmasvaro Fed. Med.
[2] sabuddhiḥ] K Fed. Med., 'sya buddhiḥ Sed.; (Tib. *de yi blo*)

2.29 이 때문에 공덕행을 실천하는 그는
언제나 세상 사람들을 안내하여
그들을 고통의 길에서 벗어나게 하므로
악도로 나아가는 일이 없습니다.
실로 [붓다의] 가르침(dharma)이란
이 생은 물론 다음 생의 보호막이 되기 때문입니다.

2.30 멀리서도 명확히 들리는 [보살의] 울림 있는 목소리는
아름다워 가까이서 듣기에도 편안함을 타고났습니다.
구름의 천둥 번개소리처럼 웅장하기 비할 데 없는
고귀한 음성이 그의 입을 장엄합니다.

2.31 부적절한 언행을 완전히 멈춘 그는
현명한 이들의 완벽한 호의를 받게 됩니다.
현명함을 갖춘 그는 진리를 교시하고자 하므로,
[그의 말은] 위대하면서도 꾸밈이 없는 경지를 얻습니다.[25]

2.32 그리하여 이러한 연유로,
성자 가운데 최고가 되었을 때에
[그는] 심오하고 난해한 많은 질문을 받는다고 할지라도
바로 그 즉시 답을 주어
의심되는 바가 없도록 밝혀줍니다.

pretyeha[1] cānarthaphalair avandhyāṃ
vandhyām abhidhyāṃ samapāsya buddhyā |
anīrṣyabhāvād atikāṅkṣitāṃ sa
prāpnoti vistīrṇṇatarāṃ samṛddhim || 2.33 || upajāti (śālā)

citte viśuddhe ca tadāśrayāṇi
vākkāyakarmāṇi śucībhavanti |
nabhastale kālaguṇābhirāme
tārāgaṇānām iva maṇḍalāni || 2.34 || upajāti

puṇyādhipatyāt kramate ca buddhis
tasyopabhogeṣu sadottameṣu |
prayā*ti rājñām api saṃmatatvam *4r2
adhṛṣyatāṃ ca pratigarvitānām || 2.35 || upajāti

vaikalyam āyānti na cendriyāṇi
satkarmanirvṛttabalāni tasya |
ataś ca lokatrayapūjya ekaḥ
śāstrā bhavaty aprativartyacakraḥ || 2.36 || upajāti

vyāpādadāhajvaravipramuktaḥ
sādhusvabhāvābhinayo nayena |
vyaktīkarotīva manaḥprasādaṃ
svasthāpraśāntena viceṣṭitena || 2.37 || indravajrā

---

[1] pretyeha] Fed. Med. Sed. (Tib. *'di dang pha rol tu*); pratyeha K

2.33 현생은 물론 다음 생에서도 무의미한 결과를 낳을 뿐인
[남의 것을 탐내는] 욕심을 현명하게 벗어난 후에는
더 이상 [어느 것에도] 부러움이 일어나지 않기에,
[오히려 어느 누구라도] 너무나도 원하는
가득한 충만을 얻게 됩니다.[26]

2.34 또한 마음이 청정하기에
그 [마음에] 뿌리를 둔 말과 몸의 행위들도
맑게 빛납니다.
마치 시간의 자연스런 흐름 속에서
[밤]하늘이 청정해졌을 때,
별무리가 [맑게 빛나는 것]처럼

2.35 또한 공덕의 수승한 힘(增上力)으로 인해
그의 현명함은 언제나 높은 차원의 즐거움을 향해 나아갑니다.
심지어 왕들의 동의를 얻어낼 수 있으며
아무리 기고만장한 사람들일지라도
그 앞에서는 겸손하게 바뀝니다.

2.36 그리하여 바른 행위(正行)를 통해 완성된 힘을 지닌
[그의] 감각기관들은 절대 약해지지 않습니다.
이 때문에 그는 삼계의 공경을 받으며,
[법]륜을 굴리는 일을 결코 멈추지 않는 단 한 분의 스승이 됩니다.

2.37 타들어 가는 듯한 고열과도 같은 악의에서 벗어나
[불교의] 도리에 따라 훌륭한 자질을 지니고 행동하기에
건강하고 편안한 그의 몸가짐은
평온한 마음을 선명히 드러내는 듯합니다.

himsātmake vigrahasaṃhite vā
karmaṇy anā*ryācarite śaṭhe vā | *4r3
na cāsya buddhiḥ kramate kadācin
maitrīsukhāsvādaviśeṣalābhāt || 2.38 || upajāti (śālā)

loke vrajaty āryajanena sāmyaṃ
sammānyate daivatavaj janena |
na brahmaloke 'pi ca durlabho 'sya
prasnigdhakarmaṇyamanaḥpathasya || 2.39 || indravajrā

hitābhinandī jagatām ayatnāt
prasādayaty eva ca mānasāni |
ramyaḥ śaratkāla ivāpagānāṃ
toyā*ni meghāgamadūṣitāni || 2.40 || *4r4 upajāti (māyā)

rūpeṇa sarvapriyadarśanena
jñānāspadenādbhutaceṣṭitena |
ekīkarotīva tato munitve
lokasya vijñānapṛthaktvasiddhim || 2.41 || indravajrā

kudṛṣṭipaṅkakramaṇālasas tu[1]
prāpnoti kalyāṇahṛdaḥ sahāyān |
karmasvako 'stīti ca karma pāpaṃ
viśasyamāno 'pi karoti naiva || 2.42 || upajāti (bālā)

---

[1] -kramaṇālasas tu] K Sed., -kramaṇaṃ lasaṃs tu Med. (sandhi 적용), -kramaṇaṃ lasan tu (sandhi 미적용)

2.38 그의 지성은
자애와 편안함이라는 특별한 풍미를 갖추었기에
살생을 하거나, 언쟁을 일으키거나,
혹은 천박하거나 부정직한 행위들로
나아가는 일이 결단코 없습니다.

2.39 마치 성인과도 같기에 세상 사람들은 그를 신처럼 여깁니다.
그의 마음길은 잘 닦여 있고 숙련되어 있으므로,
범천의 세계라고 할지라도
그에게는 이르지 못할 곳이 아닙니다.

2.40 세상을 돕는 데에 기뻐하는 그는
노력하지 않아도 [자연스럽게]
[세상 사람의] 마음을 맑게 가라앉힙니다.
마치 [세상을] 기쁘게 하는 가을이란 계절이
[자연스럽게] 우기 동안 탁해진 강물을
[맑게 가라앉히는] 것처럼.[27]

2.41 모든 이를 사랑스럽게 바라보면서도,
지혜를 근간으로 한 뛰어난 그의 행위는
마치 세상 사람들의 이해력이 제각기라고 할지라도
[그들 모두를] 현자와 동일해질 수 있게 합니다.

2.42 또한 악견(惡見)이라는 진흙탕에 빠지지 않는 그는
선한 마음을 지닌 동료들을 얻습니다.
나아가, 다쳐서 죽어 가게 된다고 할지라도
"[그것 또한] 나의 행위로 인한 [결과]"라고 [생각하므로]
악행을 결코 행하지 않습니다.[28]

bhavaty akampyā ca jine 'sya bhaktir
nāyā*syate[1] kautukamaṅgalaiś ca | *4r5
ārye ca mārge labhate pratiṣṭhāṃ[2]
viśeṣagāmitvam ato 'bhyupaiti || 2.43 || upajāti (ārdrā)

satkāyadṛṣṭyuccalitaḥ sa yāti
na durgatiṃ hetuparikṣayeṇa |
jñānena cānāvaraṇena yukto
divaḥpṛthivyor vicaraty asaṅgaḥ || 2.44 || ākhyānikī

pratyekabuddhair api cānavāptāḥ
sarve tato 'syābhimukhībhavanti |
jagaddhitārtheṣu vijṛmbhamā*ṇāḥ *4r6
sarvajñabhāvāya munīndradharmāḥ || 2.45 || upajāti (śālā)

imāṃ vibhūtiṃ guṇaratnacitrāṃ
ślāghyāṃ svayaṃgrāhaguṇābhirāmām |
ko nāma vidvān na samādadīta
viśeṣatas sattvahitābhilāṣī || 2.46 || upajāti

[1] nāyāsyate] K, nāyasyate Fed. Med. Sed. (Tib. *nyon mongs med*)

[2] pratiṣṭhāṃ] Fed. Med. Sed., pratiṣṭhā K

2.43 승리자(= 붓다)를 향한 그의 신애(信愛)는 흔들림이 없기에
놀라움을 일으키는 마술에도 흔들리지 않습니다.
더하여 거룩한 길을 대한 [신애는 더욱] 확고해져
이로써 뛰어난 성취[29]를 이루게 됩니다.

2.44 유신견(有身見)을 완전히 여읜 그 [보살]은
[악도에 떨어지는] 원인을 완전히 제거해, 악도로 빠지지 않습니다.
그리고 걸림이 없는 지혜를 갖췄기에
어떤 집착도 없이 하늘과 땅 사이를 자유로이 다닐 수 있습니다.

2.45 독각불(獨覺佛)들조차도 얻지 못한,
세간의 이익을 위한 목적을 위해서만 꽃을 피우는,
전지자가 되려는 현자 중에서 가장 으뜸인 [붓다의] 모든 덕성이
그리하여 그에게 현전(現前)하게 됩니다.

2.46 공덕이라는 보석으로 인해 다채롭게 반짝이는
이 영묘한 힘은
자연스럽게 생겨난 공덕에 걸맞는 찬탄할 만한 것이나니,
중생의 이익을 추구하는 지자(智者)라 한다면
그 어느 누가 특히 [이를] 얻으려 하지 않겠습니까!

divyābhirāmā manujeṣu saṃpat
prakṛṣṭasaukhyaikarasā ca divyā |
śīlād yadi syāt kim ivātra citraṃ
yasmāt prarohanty api buddhadharmāḥ || 2.47 || upajāti (vāṇī)

śīlacyutas tv ātmahite* 'py aśaktaḥ *4r7
kasmin parasyārthavidhau samarthaḥ |
tasmād viśeṣeṇa parārthasādhor
na nyāyyam asmiñ chithilādaratvam || 2.48 || indravajrā

vivarjayed aṇv api varjanīyaṃ
tasmād bhayaṃ tīvram avekṣamāṇaḥ |
na bodhisattvābhyucitaṃ ca śīlaṃ
vikhaṇḍayed ātmasukhodayena || 2.49 || upajāti (ṛddhi)

na chidradoṣaiḥ parijarjaraṃ vā
strīkelisaṃvāhanavīkṣaṇādyaiḥ |
na durjanakleśapa*rigrahād vā *4v1
kurvīta śīlaṃ śabalaprakāram[1] || 2.50 || viparītākhyānikī

---

[1] śabalaprakāram] Fed. Med. Sed., sabalaprakāram K

2.47 인간세상이지만 천상(天上)에 어울리는
뛰어난 지복이라는 단 하나의 풍미(一味)를 갖춘
거룩하며 온전한 구족(具足)이
[바로] 계로부터 나온다 한다면 [이것이] 어찌 놀랄 일이겠습니까.
실로 붓다의 속성 또한 [바로 지계로부터] 싹트기 때문입니다.

2.48 자신의 이익을 위한 일에도 계를 지키지 못한다면,
남을 돕기 위한 일에 [계를 지킬 수가] 있겠습니까?
그러므로, 특히 이타행을 올바르게 실천하는 이에게
계를 느슨하게 지킨다는 건 있을 수 없는 일입니다.

2.49 티끌 하나라도 버려야 한다면
남김없이 버려야 합니다.
[티끌 하나]에도 큰 위험을 살피는 그는
자신의 안분을 좇으려 보살계를 깨뜨려서는 결코 안 됩니다.

2.50 여성과 어울리거나 몸이 부딪치거나 쳐다보는 등의
허물이 될 과오들에 무뎌져서는 안 되며,
또는 악인의 번민에 영향을 받아,
얼룩덜룩 오점이 있는[30] 계를 행해서도 안 됩니다.

kalmāṣadoṣāpagataṃ niṣevyam
ekāntaśuklopacayena śīlam[1] |
svecchāgatitvāc[2] ca bhujiṣyavṛttaṃ
vidvatpraśaṃsābharaṇānavadyam || 2.51 || indravajrā

samagraśikṣāpadapūraṇāc ca
saṃpūrṇam āmarśavivarjitaṃ[3] ca |
cetoviśuddhipratibimbabhūtais
tīvraiḥ parārthaikarasaiḥ prayogaiḥ || 2.52 || upajāti

smṛtyāśrayāc cendriyasamvareṇa
śīlasya saṃrakṣaṇatatparaḥ syāt |
lokasya dauḥśīlyam abhipra*vṛddhaṃ *4v2
tamaḥ sahasrāṃśur ivāpaneṣyan || 2.53 || upajāti

duḥkhapratīkāranimittasevyaiḥ
kāyavraṇālepanaveṣṭanādyaiḥ |
nyāyopalabdhaiḥ parituṣṭacitto
'parānanollokanakātaraḥ syāt || 2.54 || upajāti (bālā)

---

[1] ekāntaśuklopacayena śīlam] Fed. Med. Sed., ekāntaśukloyacayena śīlaṃ K^{pc}, e+++ K^{ac}

[2] svecchāgatitvāc] K^{pc} Fed. Med. Sed., svecchāgati*tvāc K^{ac}

[3] āmarśavivarjitaṃ] Sed. (Cf. āmarśavivarjitañ K), āmarṣavivarjitaṃ Fed. Med.

2.51 완전한 깨끗함을 축적한 그는
얼룩진 과오들에서 벗어나 계를 수지해야 합니다.
그리고 자신의 의지로써 길을 가기에
[지계는] 자발적으로 일어나지만,
지자들의 칭송이라는 장엄에 걸맞은 청정함을 지닙니다.

2.52 마음의 청정한 상태를 반영하고
이타라는 단 한 가지의 본질을 향한 강한 노력들을 통해서,
모든 학처(學處)를 성취함으로부터
취착(āmarśa)[31]에서 벗어난 완전한 충만이 생겨납니다.

2.53 그리고 억념에 바탕을 두고 감관을 제어함으로써
계를 보호하는 데 온전히 몰두하게 됩니다.
마치 천 개의 빛을 지닌 [태양이] 어둠을 제거하는 것처럼,
세상에 가득한 부도덕을 [완전히 제거하게 됩니다].

2.54 고통을 치료할 효과적인 방법으로써
몸의 상처에 약을 바르고 감싸는 등의
적절한 방식을 얻은 것에 매우 기뻐하지만,
다른 이들이 [자신을] 우러러보는 것은 경계하게 됩니다.

ślāghyeṣu sarveṣv api vartamānaḥ
śīlānukūleṣu guṇodayeṣu |
avismitatvād aparāvamānī[1]
kīrter bibhīyāc ca tadudbhavāyāḥ || 2.55 || upajāti (śālā)

lābhaprakāro hi guṇaprakāśāc
chatrutvam abhyeti suhṛnmukhe*na | *4v3
saroruhāṇām iva śītaraśmiḥ
śreyaḥpramārthī[2] śithilavratānām || 2.56 || upajāti (śālā)

śīlaṃ guṇābhyāsavidhim vadanti
saṃbodhicitte ca guṇāḥ samagrāḥ |
abhyasyate tac ca kṛpāguṇena
kāruṇyaśīlaḥ satataṃ tataḥ syāt || 2.57 || indravajrā

yan niśritaṃ kāmabhave 'pi naiva
saṃtiṣṭhate naiva ca rūpadhātau |
ārūpyadhātau yad asaṃsthitaṃ ca
tat tattvataḥ śīlam udāharanti || 2.58 || indravajrā

[1] aparāvamānī] K, aparādhamānī Fed. Med. Sed.

[2] śreyaḥpramārthī] K; śreyaḥpramāthī Sed. (cf. Tib. bde ba gnod), śreyaḥ pramāthī Ked. Med.

2.55 계에 합당하며 공덕을 낳는 원인이 되는
칭송받을 만한 모든 일들을 행하고 있다 할지라도
자만하지 않으므로 남들로부터 존경을 받지만,[32]
이를 통해 얻게 되는 명성도 그는 경계해야 합니다.

2.56 실로 그처럼 [타인의 존경을] 받는 것이 보기에는 덕처럼 보이나,
[이는] 다정한 얼굴을 하고선 적과 같이 변할 수 있기 때문입니다.
마치 서늘한 광선을 머금은 달이 수련들[33]에게 [위협적이듯]
완벽하게 [계를] 추구하는 뛰어난 이는
계에 느슨한 이들에게는 [위협적이기 때문이지요].[34]

2.57 [붓다들은] 계(śīla)란
덕(guṇa)을 반복적으로 실천하기 위한 방법이라고 말합니다.
그런데 그 모든 덕은 깨달음을 향한 마음 안에서 [일어난 것이니,]
그러므로 그 [보리심은] 자비라는 덕을 통해서 수습됩니다.
그렇기에 언제나 연민심을 [자신의] 계(śīla)로 삼아야 합니다.

2.58 나아가 욕계에도 결코 의거하지 않으며,
색계에서도 전혀 있지 않고,
무색계에 또한 존재하지 않는,
그러한 계가 진정한 계라고 [붓다께서는] 말씀하십니다.

yo* lokadhātuṣv amiteṣu sattvān *4v4
śīle pratiṣṭhāpayiṣuḥ samagrān |
niṣevate lokahitāya śīlaṃ
tad ucyate pāramiteti[1] tajjñaiḥ || 2.59 || upajāti (rāmā)

śīlaṃ viśeṣādhigamasya mārgo
dāyādyabhūtaṃ karuṇātmakānām |
jñānaprakarṣasya śuciḥsvabhāvo[2]
naṣṭoddhavā maṇḍanajātir agrā || 2.60 || indravajrā

lokatrayavyāpi manojñagandhaṃ
vilepanaṃ[3] pravrajitāvirodhi |
tulyākṛ*tibhyo ’pi pṛthagjanebhyaḥ *4v5
śīlaṃ viśeṣaṃ kurute narāṇām || 2.61 || upajāti (vāṇī)

akatthanānām api dhīrabhāvād
vināpi vāgbhedapariśrameṇa |
atrāsanābhyānatasarvalokaṃ[4]
tyaktāvalepoddhavam īśvaratvam || 2.62 || upajāti (mālā)

---

[1] pāramiteti] K^{pc} Fed. Med. Sed., *ramitete K^{ac}

[2] śuciḥsvabhāvo] K, śucisvabhāvo Fed. Med. Sed. (Tib. *gtsang ma*)

[3] vilepanaṃ] K^{pc} Fed. Med. Sed., vilepana K^{ac}

[4] atrāsanābhyānata-] Med. Sed., atrāsanābhyān nata- Kpc(?); atrāsanābhyāṃ nata- Fed.

2.59 무한한 세계에 있는 모든 중생을
바른 계로 안내하고자 열망하는 이는
세상의 이익을 위해서 계에 의지합니다.
그러므로 그것을 아는 [붓다들]께서는
바로 이것을 "[계의] 완성([śīla]-pāramitā)"이라고 부릅니다.

2.60 계는 뛰어난 성취를 이룬 분의 길이며,
자비를 지닌 이들에게는 [물려 줄] 유산이며,
지혜가 뛰어난 이들이 지닌 광채(청정함)의 본질입니다.
[그중에서도] 최고의 장엄은
[그들에게] 자만이 완전히 사라졌다는 점입니다.

2.61 삼계에 가득한 계는
출가자에게도 허용되는
기분 좋은 향을 품은 향수입니다.
심지어 같은 모습을 지닌 많은 사람들 가운데 있다 하여도
계는 [아름다운 향기로] 그를 두드러지게 만듭니다.

2.62 과시하지 않아도 그들이 지닌 [계는] 견고하기에,
말로써 차이를 설명하는 수고가 없다고 하여도
모든 세상은 [그들에게] 스스로 우러나온 경배를 올리며,[35]
[이들은] 자만이라는 향유를 완전하게 벗어버린
자유자재한 상태를 얻게 됩니다.

apy aprakāśānvayasambhavānām[1]
akurvatām apy upakārasāram |
niṣkevale śīlavidhau sthitānām
asaṃstutānām api yan narāṇām || 2.63 || ākhyānikī

rajāṃsi[2] pādā*śrayapāvitāni *4v6
praṇāmalabdhāni samudvahanti |
cūḍāgralagnāni manuṣyadevāḥ
śrīmattaraṃ śīlam ataḥ kulebhyaḥ || 2.64 || upajāti (mālā)

tasmān na durgatibhayena na rājyahetor
na svargasaṃpadabhilāṣasamudbhavena |
seveta śīlam amalaṃ na hi tat tathā syāl
lokārthasiddhiparamas tu bhajeta śīlam || 2.65 || vasantatilakā

|| śīlapāramitāsamāsaḥ || 2 ||

[1] -sambhavānām] K Sed. (cf. Tib. *'byung ba*), saṃstavānām Fed. Med.
[2] rajāṃsi] Fed. Med. Sed., rājāṃsi K

2.63-4 비록 뛰어난 가문에서 태어나지 않은 이들이라고 할지라도,
비록 중요한 제식의무(upakārasāra)를 행하지 않았다 할지라도,
[또는] 사람들에게 칭송받지 않는다고 하더라도
오직 전적으로 계의 규율에 머무는 분,
그분의 발에 있음으로써 청정해진 먼지들은
[보살에게 머리를 조아리는] 왕들의 경배로 인해
[그들의] 머리장식 꼭대기에 붙어 옮겨집니다.
그렇기에 계는 어떤 뛰어난 가문[의 이름]보다도
가장 영광스러운 것[이라 할 수 있습니다].[36]

2.65 그렇기 때문에, 악도에 떨어질 두려움으로 인해,
혹은 왕국을 얻고자 하여,
또는 천상에 태어나고 싶어서는
티끌 없이 청정한 계를 따를 수 없습니다.
실로 [청정한 계라는] 것은
그러한 방식으로 이뤄질 수 없기 때문입니다.
오직 세상 사람들을 이롭게 하고자 하는 자만이
계를 [청정하게] 수지할 수 있습니다.

지계바라밀다 [가르침의] 요약[을 마칩니다].

〖 주 〗

1 2.2] 이 게송에서는 오계 중에 불살생과 불투도에 대해 이야기한다. 심지어 꿈이라고 할지라도 누군가를 해친다는 생각이 일어나지 않을 정도로, 보살이란 모든 애정과 관심이 오직 세상을 돕는 데만 몰두해 있다. 그렇기 때문에 보살은 남의 소유물을 마치 뱀을 보듯 대한다. 마치 만지면 물려서 독이 퍼질 수 있는 뱀을 누구도 쉽게 만지려 하지 않는 것처럼, 남의 소유물에 대한 욕심은 큰 독이 될 수 있음을 분명히 알고 있기 때문이다.

2 2.3] 몸으로 짓는 보살의 행위(身)는 세속적인 욕망을 좇는 것이 아니라 오직 세상을 도우려는 마음, 그리고 선한 사람들이 존경할 만한 행위에 있다. 반복적으로 ceṣṭāḥ(身)라는 구절을 사용하여 반복리듬(yamaka)을 통한 시적 운율의 아름다움을 드러내는 게송으로 첫 번째는 행위라는 뜻을 지닌 ceṣṭā(f.)의 복수 목적격으로, 두 번째는 접속사 ca와 모음 연성을 이룬 iṣṭāḥ로 그 행위(ceṣṭāḥ)를 꾸미는 술어로서 번역하였다. 물론 두 가지 ceṣṭāḥ를 동일한 '행위'로서 번역하는 것도 가능하다. 그 경우 "그는 세상의 이익을 꾀하고자 하는 선인의 행위라는 [그러한] 행위를 행해야만 한다"라고 번역해 볼 수 있다.

3 2.4] 보살의 말(口)이란 다정하면서도 상황과 시기에 맞으며, 반목이나 불화를 일으키지 않고 진실에 부합하는 것이다. 그의 말의 목적은 중생이 정법에 가까워질 수 있도록 하는 데 있기 때문이다. uparamya('삼간 후')는 문맥상 윤문하였다.

4 2.5] 이 게송은 보살의 의도(意)에 대해 설명한다. 앞선 두 게송에서 언급한 행위와 말은 '남을 위함이 곧 스스로를 위한 것임을 아는, 그렇기 때문에 남의 행복에 진심으로 기뻐하는 마음'이 있어야 이뤄질 수 있는 것이다.

5 2.6b *kleśāsvatantraḥ*] 소유복합어(bahuvrīhi-samāsa)인 kleśāsvatantraḥ에 대한 티베트역은 nyon mongs dbang gyur로 '번뇌에 지배받는 이'라고 이해한다. 이 내용과 동일한 맥락의 문구로 샨티데바(Śāntideva)의 『입보리행론(*Bodhicaryāvatāra*)』 7.50(kleśasvatantro (Poussin ed.; kleśāsvatantro Minaev ed.) loko 'yaṃ na kṣamaḥ svārthasādhane | tasmān mayaiṣāṃ kartavyaṃ nāśakto 'haṃ yathā janaḥ ||)의 경우를 들 수 있다. 이에 대해 *Pañjikā*는 7.50a를 kleśaiḥ parāyattīkṛtaḥ sarvo 'yaṃ(번뇌들에 의존하는 이 모든 [세상사람들])이라고 주석한다. 이 내용과 비교했을 때, 부정어 접두사를 첨가한 -asvatantraḥ라는 표현을 차용한 *Pāramitāsamāsa*의 복합어를 '번뇌들로부터 자유로운 이'라고 해석할 수 있으므로 『입보리행론』의 푸셍 교정본의 kleśasvatantro는 미야예프의 교정본처럼 kleśāsvatantro로 교정될 필요가 있어 보인다.

6 2.6] 남을 돕는 행위는 결국 자신을 구하는 일이다. 작은 불씨가 모든 것을 집어삼킬 수 있듯이 그것이 설령 남의 잘못이라고 하여도 자신의 것처럼 여겨 그러한 악의가 사라질 수 있도록 최선을 다해야 한다.

7 2.7] 어리석은 견해로 인한 덩굴의 싹은 지혜의 빛을 통해서만 사라질 수 있다. 덩굴식물은 양지바른 곳을 피해 자라나기 때문에 음지에 자란 덩굴의 싹을 무지에, 그 무지의 싹을 뽑아버릴 수 있는 빛을 지혜에 비유하고 있다. 그렇게 무지를 뽑아낸 자리에 생겨나는 붓다에 대한 확고한 믿음은 반복적으로 덕을 쌓는 수행을 하는 밑거름이 된다.

8 2.8] 천상과 해탈이라는 두 가지 목표는 바른 길을 따른다면 반드시 수반되는 것이다.

이러한 길에 이르기 위해 우리는 바른 행위의 길에서 벗어나서는 안 된다. 티베트역은 이를 십선업이라고 좀 더 구체적인 내용으로 의역했다. 앞의 게송들에서 신구의(身口意)라는 세 가지 측면에서 어떤 행위를 해야 하는지 설명되었기 때문에 결국은 십선업을 지칭하는 것으로도 이해할 수 있다.

9 2.9] 지계는 신구의의 세 가지 측면을 통해 접근해야 함을 설명하기 위해 앞선 게송을 지었음을 본 송을 통해 알 수 있다. Meadows(p.279)는 이 게송에서 이야기하는 *saṃvara-śīla*와 관련해, 지계의 측면에서 하지 말아야 할 일을 멈춤(nivṛtti)과 해야 할 일을 진행(pravṛtti)해야 함을 축약하는 게송으로서 나가르주나(Nāgārjuna)의 *Ratnāvalī* 1.22 (Hahn 1982: 10: *nivṛttir aśubhāt kṛtsnāt pravṛttis tu śubhe sadā* | *manasā karmaṇā vācā dharmo 'yaṃ dvividhaḥ smṛtaḥ* || '모든 청정하지 않은 것을 멈추고, 청정한 것을 향해 언제나 부단히 움직이는 이러한 법은 마음으로 짓는 행위와 말로 짓는 행위의 두 가지라고 여겨진다')는 게송을 예로 들고 있다.

10 2.10] 지계의 효과는 남을 아끼고 보살피려는 따뜻한 본성을 일으키므로, 사람들에게 두려움을 주지 않으며, 부정적인 원인으로 생겨난 다양한 훈습이 사라질 수 있게 하는 원인이 된다.

11 2.11] 최종 동사 śete를 살려서 직역하면 '편안하게 잠을 깨는 그는(sukhaprabodhaḥ) 편안하게 잠이 든다'이지만, 티베트역은 sukhaprabodhaḥ(bde bar sad par 'gyur)를 최종 동사로 번역했는데, 이는 문맥상의 의미를 자연스럽게 하기 위한 것으로 보인다. 본 게송은 악몽이 일어날 허물이 없기 때문에 항상 푹 자고 개운하게 일어날 수 있게 되는 것이 지계의 효과라고 설명한다. sukhaprabodha는 '[진정한] 행복이 무엇인지 잘 깨우친 자'라는 풀이와 '편안하게 잠에서 깨어나는 자'라는 두 가지 해석(śleṣa)이 모두 가능한 표현이다.

12 2.12] 계를 잘 지키는 것으로 말미암아, 수행자는 심지어 나찰(羅刹)들로부터도 보호를 받으며 가는 길에 대한 의심이나 두려움이 들지 않을 뿐만 아니라 질병이 없는 건강이라는 긴 수명을 얻게 되는데, 이러한 조건들은 불법의 길을 걷기 위한 토대가 된다.

13 2.13b *tathāgatānām amitaprayāmam*] '측량할 수 없을 정도로 광대한 여래의 수명'이라는 표현에 대해 Meadows(p.280)는 이것이 여래들이 지닌 신체 중 보신(報身 saṃbhoga-kāya)의 측면을 나타나는 것으로 이해한다. 즉, 보살의 지계와 관련된 행위가 세간에서 초세간의 단계로 넘어가는 과정을 그리고 있는 것이라고 해설했다. 그리고 이러한 길어진 수명의 목표는 세간의 행복이 증장되도록 하는 데에 있다는 점도 강조한다.

14 2.15] 실천하는 모든 행위가 청정하므로, 사람들은 그를 우러러 보며 우호적으로 대하게 된다. 그렇기 때문에 그 또한 다른 이들을 대할 때 어려움이 없고 장애도 생겨나지 않는다는 것이 지계로 인한 효과라고 게송은 말한다.

15 2.18] 붓다가 지니게 되는 서른 두 가지의 상서로운 특징 중 하나인 음장상(陰藏相 kośagatavastiguhya)을 언급하고 있다.

16 2.19b śāthya-] 사본의 읽기는 sādhya-이나, 내용상 어떤 부정적인 상태에서 벗어난 마음을 지닌 자라는 뜻의 보살을 뜻하는 소유복합어이므로 śāṭhya-라는 교정이 필요하다. 티베트어 또한 이런 문맥을 지지해 *g.yo sgyu rnam dag sems*(위선을 정화한 마음을 지닌 자)이라고 번역했다.

17 2.20] 진리를 사랑하고 실천하는 이가 천상의 존재들로부터 보호를 받고 사랑을 받는

것은 당연한 일이다. 산성을 지니고 덕 있는 행위를 하는 그는 흡사 천신과 다르지 않기에 천신들은 그의 지고하고 공덕을 갖춘 행위를 지켜보는 목격자들이 된다.

18 2.21] 뛰어난 존재들이 그의 뛰어남을 알아보고 인정하는 것은 놀라운 일이라 할 수 없다. 왜냐하면 고귀한 존재들은 타인의 장점과 공덕을 인정하고 찬양하는 데 인색하지 않기 때문이다. 하지만 그가 세상 사람들에게 사랑을 얻는 것은 경이롭다고 할 수 있다. 공덕이 적을수록 사람들은 절대적 가치보다는 자신들의 눈높이로 사람들을 재단하게 된다. 그럼에도 불구하고 그들에게까지 감화를 줄 수 있다는 것은 실로 놀라운 일이라는 점을 게송은 강조한다.

19 2.22] 이 게송은 사람들을 기분 좋게 만들어주는 향기를 행위주체로서 표현한다. 향기조차도 수많은 수련이 피어 우거진 숲보다 오히려 한 송이 연꽃 같은 보살에게 머물고자 할 것이라는 비유로서 보살의 뛰어남을 노래하고 있다. 이때 대조가 되는 두 가지 대상은 수련(utpalinī)과 붉은 연꽃(kamala)이다. 산스크리트어에서 'utpala'는 보통 수련(water-lily)을 총칭하며, 'kamala'는 연꽃을 총칭한다. 여기에서 중요한 차이는 연꽃만이 연못 속 진흙이 가득한 물에서 피어나지만, 그 진흙에 전혀 물들지 않는다는 데 있다.

20 2.23a *durgatitārakeṇa*] 이에 해당하는 티베트어역은 ngan 'gro'i skar ltab bu(악취의 별처럼)로, 현재 편집본의 산스크리트 버전과 상이한데, 이는 아마도 티베트어 번역자들이 서체 ta를 bha로 혼동하여, 원문을 durgatibhārakeṇa로 잘못 파악해서 생긴 결과로 보인다.

21 2.23] 계가 청정해질수록 다양한 징후들이 나타나지만, 그렇다고 해서 그것이 지계의 완벽을 의미하는 것은 아니다. 그럼에도, 지계바라밀을 향해 나아가는 수행자는 순간이라 할지라도 부정적인 생각이 일어난다면 그것을 살펴, 즉각 부끄러워하고 반성할 수 있다는 점에서 차이가 난다.

22 2.24d *arakṣyatām*] 직역하면, '보호될 필요가 없는' 혹은 (어떤 의무나 법이) '준수될 필요가 없는' 경지를 뜻한다. 다시 말해, 이 표현은 보살은 굳이 계를 지키기 위해 애쓰지 않는다고 하여도 자연스럽게 진리를 말한다는 점을 함축한다. 문맥에 맞춰, 해당 티베트어역은 *bsrung ba med pa*로 arakṣatāṃ에 더 가까운 번역을 취하고 있다. (참고 Saito p.133); 붓다는 모든 측면에서 청정하므로 그의 신구의에는 어떤 부정적 행위도 없다.

23 2.25c *paiśūnyamūkasya*] 사본의 리딩을 선택했으나, 티베트역 *spangs*은 '비방에서 벗어난'이라는 의미로 -mūka보다는 -mukta에 가깝다. 하지만, 문맥상 불법(佛法)에 대한 확고한 마음을 지니고 있는 보살을 꾸미는 속격(genitive)이므로, 그 자신이 '(부처님의 가르침에 대한) 비방을 전혀 할 수 없는 벙어리와 같은'이라는 뜻으로 이해해 '비방을 할 줄 모르는'이라고 의역했다.

24 2.27] 남을 헐뜯는 말은 결국 본인에게 분노와 망상을 일으키고, [스스로의] 명성조차도 훼손시키는 결과를 가져온다. 내리는 비가 대지의 뜨거운 열기를 순식간에 잠재울 수 있듯이 자애심이 거친 언행을 잠재울 수 있다고 게송은 설한다.

25 2.31] 말로 행하는 그의 모든 행위는 진리에 벗어나지 않기 때문에 현자들은 그의 언행을 기꺼워한다. 그리고 보살은 진리를 어떻게 설해야 하는지를 잘 알기 때문에 그의 말에는 억지스러운 꾸밈이 없어 자연스러우면서도 훌륭하다.

26 2.33] 지계를 닦는 수행자가 완전히 욕심을 버리고 나면 원하는 바도 없으며, 누군가의 소유에 대해서도 부러움이나 질투가 일어나지 않게 된다. 이 게송은 보살은 비움으로써

도리어 가득차게 됨을 말한다.

27 2.40] 보살의 이타행을 가을이란 계절에 그리고, 범부들의 마음을 탁해진 강물에 비유하고 있다.

28 보살은 "현실의 사태를 명확히 아는" 바른 견해를 지녔으므로, 설사 자신에게 닥친 위협적인 상황이 생길지라도, 그러한 상황의 의미를 정확히 파악하고 그것들이 전생에 자신이 지은 행위의 과보라는 점을 주저 없이 있는 그대로 받아들일 수 있다.

29 2.43d *viśeṣagāmitvam*] Meadows는 각주에서 Edgerton의 용례에 근거해 viśeṣagāmitva를 viśeṣādhigama와 동일한 의미로 분석한다. 또한 이 게송에서 함축하고 있는 신애의 네 가지 대상을 *Akṣayamatisūtra*의 구절을 소개한다. 거기에서 '뛰어난 성취'란 업과 재생에 대한 믿음, 보살의 행위를 믿고, 그러므로 불교의 교리 (Buddhadharma)를 믿는 것이라고 설명된다. *Samādhirājasūtra*에서 기술되는 viśeṣagāmitā의 정의는 *Abhidharmakośa, Mahāyānasūtrālaṃkāra, Laṅkāvatāra, Vimalakīrtinirdeśa* 등의 다양한 불교 문헌에서 광범위하게 찾아진다. 나아가, *Śīkṣāsamuccaya*는 viśeṣagāmitā에 도움이 되는 세 가지 것들로 존경심(gaurava), 겸손함(nirmānatā), 그리고 용맹정진(vīrya)을 꼽는다.

30 2.50d *śabalaprakāraṃ*] 해당하는 티베트역은 없으나 *'dran 'dren rnam pa*에 가깝게 교정한 다른 편집본을 참조하여 사본의 읽기인 sabalaprakāraṃ을 śabalaprakāram로 교정했다. Cf. *Samādhirājusūtra* 35.79(*no vā teṣu kadāci śīla śabalaṃ no cāpi kalmāṣatā dvāvetau parivarjiyā matidharā budhyanti bodhiṃ śivām*)의 관련 유사 표현에 근거하였다.

31 2.52b] 사본은 āmarśa라고 읽고 있지만, Meadows는 티베트역(kun rdzob snyems)을 이유로 āmarṣa라고 교정했고, 'free from anger'라고 번역한다. 하지만 이 티베트역은 parāmarśa에 더 가깝다.

32 2.55c *aparāvamānī*] 기존 편집본들은 티베트역(*nga rgyal spang bya*)에 의거해 aparādha-mānī('잘못을 염려하는')로 교정했다. 본 교정본은 사본의 aparāvamānī가 '다른 이로부터 비난을 떠난(a-parāvamānī)'이라는 해석이 문맥상 가능하다고 판단해 사본의 읽기를 따랐다.

33 2.56] 일반적으로 saroruha는 연꽃이나 수련 모두를 지칭할 수 있는 용어이나, 여기에서는 달에 비유되는 보살의 지계의 뛰어남과 대조를 이루는 것으로서 일반 사람들의 하등한 상태를 비유하고 있기 때문에, 앞의 게송 2.22의 내용을 감안했을 때, 수련으로 번역하는 것이 문맥상 적절하다고 판단하였다.

34 2.54-6] 이들 게송은 타인의 칭찬과 존경을 경계해야 하는 데에 관해서 이야기한다. 남들의 칭송을 받는다는 것은 오히려 자신에게 독이 될 수 있기 때문이다. 밤의 하얀 수련은 달빛을 받아서 빛남에도 결국 달의 밝은 빛은 절대 이길 수 없어 달빛을 질투할 수 있다. 계를 엄격히 지키는 수행자가 계를 느슨히 지키는 이들에게 귀감이 될 수 있지만, 오히려 그 때문에 그들로부터 질투와 힐난의 대상이 될 수 있다는 점을 명심할 필요가 있다. '하얀 빛을 지닌 이(sītaraśmīḥ)'라고 번역할 수 있는 이 소유복합어는 '달'을 지칭한다. 인도 문학에서 강가에 피는 수련(saroruha)은 달이 떠올랐을 때 꽃망울을 닫기 때문에 '비록 아름다운 빛을 지닌 달이라고 할지라도 수련들의 꽃망울을 닫게 하는 적이 된다. 다시 말해, 계를 느슨하게 지키는 자들은 결국 계를 잘 지키는 보살을 위협적인 적과 같은 존재로 여기게 된다'는 함의를 비유를 통해 설명하고 있다.

35 2.62c *atrāsanābhyānata-*] 이는 '두려움이 없이(a-trāsana) 경배한다'라고 직역할 수 있지만, 두려움에 의한 강압적 존경이 아닌 자발적으로 세상 사람들이 계를 청정하게 지키는 이들을 공경하게 된다는 함의를 살리고자 '스스로 우러나온'이라고 의역하였다.

36 2.63-4] 고귀한 가문 출신이 아니더라도, 인도 사회가 요구하는 제식을 행하지 않는다고 할지라도 계를 청정하게 유지하는 보살은 높은 가문 출신에 다양한 제식을 행하는 왕들로부터 큰 존경을 받게 된다. 매우 하찮은 존재인 먼지조차도 그러한 보살의 발에 머물게 되면, 결국 보살에게 머리를 조아리며 경배하는 왕들의 왕관에 붙어 옮겨져 결국 사회에서 가장 지위가 높은 이의 머리 위로 올라가게 되는 것이다. 그러니 본 게송은 이러한 일을 가능하게 하는 청정한 계의 역할이 얼마나 중요한 것인가를 묘사하고 있다.

제3장

인욕바라밀다 가르침의 요약

Kṣāntipāramitā-samāsa

saṃmohanīṃ[1] manmathapakṣamāyāṃ
prāhuḥ su*khāṃ caiva vimokṣamāyām | *4v7
tasyāṃ na kuryāt ka iva kṣamāyāṃ
prayatnam ekāntahitakṣamāyām || 3.1 || upājāti (bālā)

parāparādheṣu sadānabhijñā
vyavasthitiḥ sattvavatāṃ manojñā |
guṇābhinirvartitacārusaṃjñā
kṣameti lokārthacarī kṛpājñā || 3.2 || upendravajrā

parārtham abhyudyatamānasānāṃ
dīkṣāṃ titikṣāṃ prathamāṃ vadanti |
setur jalānīva hi roṣadoṣaḥ
śreyāṃsi loka*sya samāvṛṇoti || 3.3 || *5r1 upājāti (kīrti)

alaṃkriyā śaktisamanvitānāṃ
tapodhanānāṃ balasaṃpad agryā[2] |
vyāpādadāvānalavāridhārā
pretyeha ca kṣāntir anarthaśāntiḥ || 3.4 || upājāti (mālā)

---

[1] saṃmohanīṃ] Fed. Med. Sed., saṃmohanī K
[2] agryā] Sed. (= *Jātakamālā* 28.27), agrā K Fed. Med.

3.1 [붓다들께서는 인내야말로]
애욕의 신 까마(Kāma)의 주술적 힘(māyā)을 무력화하고,
해탈을 향한 신비로운 힘(māyā)을 용이하게 한다고 말합니다.
[그러니], 오롯이 [남을] 도울 수 있게 하는(kṣamā)
인내(kṣamā)에 누군들 노력을 기울이지 않겠습니까.[1]

3.2 '인욕(kṣamā)' 이란
다른 이의 과오를 결코 되새기지 않으면서
중생들의 마음을 기꺼이 알아주는 한결같음이며,
덕을 갖춘 자에게 걸맞은 이름이기에,
세상을 돕고자 하는 행위이며,
(세상을 향한) 연민의 지혜입니다.[2]

3.3 [붓다들께서는] 타인을 위해서 마음을 일으킨 자들에게
첫 번째 입문 의례(dīkṣā)인 인욕(titikṣā)에 관해 말씀하십니다.[3]
마치 제방이 물을 [덮어버리듯].
분노라는 허물이 세상의 미덕들을 덮어버리기 때문입니다.

3.4 인욕이란 힘을 갖춘 위대한 수행자들에게는
힘의 구족(具足)을 [나타내는] 최상의 장엄이며,
악의라는 열기를 [잠재우는] 비구름이기에,
현생은 물론 내생에서도 불행을 잠재워 줍니다.[4]

kṣamāmaye varmaṇi sajjanānāṃ
vikuṇṭhitā durjanavākyabāṇāḥ |
prāyaḥ praśaṃsākusumatvam etya
tatkīrtimālāvayavā bhavanti || 3.5 || upajāti

pratikriyā durjanavāgviṣāṇāṃ[1]
prahlādanī jñānaniśākarābhā |
dhīraprakārā prakṛtir yatīnāṃ
kṣāntir guṇānām adhivāsabhūmiḥ || 3.6 || upājāti (kīrti)

sattvasya gāmbhīrya*mayasya sāro *5r2
ghanāgamaḥ krodhanidāghaśāntyai |
vyatītavelasya guṇārṇavasya
vyāpī svanaḥ kṣāntimayo ’bhyudeti || 3.7 || upājāti (jāyā)

ā brahmalokād adhirohaṇārthā
sopānapaṃktir gatakhedadoṣā |
karmāntaśālā guṇaśībharasya
rūpasya sallakṣaṇabhūṣaṇasya || 3.8 || indravajrā

---

[1] -vāgviṣāṇāṃ] K^{pc} Fed. Med. Sed., -vogviṣāṇāṃ K^{ac}

3.5 악인들이 내뱉는 말의 화살은
인욕으로 만들어진 선인들의 갑옷에는 무뎌져 버립니다.
[도리어,] 대부분은 찬탄이라는 꽃으로 변하여
그 [선인들의] 명성의 화환이 됩니다.[5]

3.6 수행자들에게는 인욕이란,
악인의 말에 담긴 독을 [제거하는] 치료제이며,
지혜의 달과 같은 형상을 한 기쁨이며,
끈기라는 성정(prakṛti)이고,
덕들을 자라나게 하는 대지입니다.[6]

3.7 [마음에] 공덕의 고요한 물결이 퍼져 나가는
심묘(深妙)한 존재에게는
분노의 불을 잠재우기 위해
온 천지를 울리는 소리를 동반한 우기의 비구름[과 같은]
인욕이라는 정수(精髓)가 생겨납니다.[7]

3.8 [인욕이란] 범천의 세계로 오르기 위하여,
나태함이라는 허물을 여읜 계단의 층계이며,
공덕으로 인해 아름다운 [삼십이]상(三十二相)을 장엄으로 지닌
수려한 형상을 빚어내는 공방입니다.

unmūlanī vairaphalacitānāṃ
kṣamāsarid doṣamahādrumāṇām |
sambodhicittasya vivardhitasya
guṇāmburāśeḥ[1] satatānukūlā || 3.9 || upājāti (rāmā)

śubhā paratrāpi *hite samṛddhir *5r3
jagaddhitārthasya parā vivṛddhiḥ |
śubhasvabhāvātiśayaprasiddhiḥ
kṣāntir manaḥkāyavacoviśuddhiḥ || 3.10 || upajāti (māyā)

saṃsāradoṣair na ca kṣedam eti
sattvān kṛpāsnigdham avekṣamāṇaḥ |
satkarmabhir lokahitais samantād
yaśomayatvaṃ vrajatīva loke || 3.11 || upajāti (bālā)

na spṛśyate vismayavācyadoṣair
jñānāvadānena[2] titikṣitena |
anityatākṣāntibalodayāc ca
praharṣam āyāti *sukhe 'pi naiva || 3.12 || *5r4
upajāti (rāmā)

---

[1] guṇāmburāśeḥ] K Fed. Sed., guṇāmburaśeḥ Med.
[2] jñānāvadānena] K Fed. Med., jñānāvadātena Sed.

3.9 미움의 열매가 한가득 열린
허물이라는 거목(巨木)조차도
완전히 뽑아내 버리는 인욕의 [세찬] 강물은
보리심을 증장하는 공덕의 바다를 향해 끊임없이 흐릅니다.[8]

3.10 인내란, 내생에도 도움이 되는 고매한 성공(samṛddhi)이며,
세상을 돕기 위한 최고의 성장(vivṛddhi)이고,
청정한 본성에 갖춘 탁월한 성취(prasiddhi)이자,
신구의의 완전한 청정(viśuddhi)입니다.[9]

3.11 또한, [그는] 연민에서 우러나온 애정으로 중생을 살피므로,
윤회라는 허물이 있다 한들 한탄하지 않습니다.
마치 세상을 이롭게 하는 바른 행위들을 통해 두루두루
그가 지닌 빛[이자 명성]을 온 세상에 퍼뜨리는 듯합니다.[10]

3.12 지혜를 바탕으로 고결한 행적을 일삼은 그에게
혼란과 비방이라는 허물들은 가닿지 못합니다.
그리하여, 무상성(無常性)을 수용할 힘이 생겨나,
심지어 즐거운 때라 하여도 절대 기뻐 들뜨지 않습니다.[11]

sāṃkocam āyāti na cāyaśobhir
visāriṇā kṣāntibalāśrayeṇa |
ataś ca śeṣair api lokadharmair
aniśritatvān na sa cāvalīti[1] || 3.13 || upajāti (buddhi)

tīvraprakārair api viprakārair
na vikriyāṃ yānti satāṃ manāṃsi |
dṛḍhābhilāṣāṇi munīndrabhāve
kṣāntyā balādhānasusaṃskṛtāni || 3.14 || upajāti (jāyā)

sa kṣāntidhīreṇa[2] ca mānasena
kaṣṭāni saṃdarśayate tapāṃsi |
darpo*nnatiṃ tīrthakṛtāṃ manaḥsu *5r5
nīcaiḥ kariṣyan hitakāmyayaiva || 3.15 || indravajrā

loko 'yam ātmābhiniveśamūḍhaḥ
śeṣān parān ity abhimanyamānaḥ |
tadviprakārair abhibhūtacetāḥ[3]
kṣamāviyogāt parikhedam eti || 3.16 || upajāti (bālā)

---

[1] cāvalīti] K cāpalīti Fed. Med., cācalīti Sed.; 해당 티베트역 없음.
[2] kṣāntidhīreṇa] Med. Sed. (Tib. *brtan pa*), kṣāntivīreṇa K Fed.
[3] abhibhūtacetāḥ] Sed. Med., abhibhūtacetā K Fed.

3.13 인욕이라는 힘의 토대가 증장하는 한,
[보살은] 어떤 비난들에도 절대 위축되지 않습니다.
그리고 어떠한 나머지 [다른] 세간법에도 의존하지 않기에
절대 낙담하지 않습니다.[12]

3.14 뛰어난 이들의 마음은 확고하게
성자들의 우두머리(= 붓다)가 되기를 열망하므로,
인욕을 통해 [붓다의] 힘을 얻게 될
준비가 완전하게 되어 있어서
아무리 잔인한 모욕에도 어떤 동요도 겪지 않습니다.[13]

3.15 그리고, 교만이 일어난 자이나(Jaina) 고행자들의 마음을
친절하게 돕고자 하시는 [보살께서는]
인욕으로 인해 확고해진 마음으로[14]
혹독한 고행들[까지도] 펼쳐 보이십니다.[15]

3.16 자아에 집착하는 어리석은 이 세상 사람들은
[자신 외의] 다른 이들을 [나와 다른] 남이라고 생각합니다.
그러한 [잘못된] 방식으로 [스스로의] 마음을 괴롭히기에
인욕에서 멀어져 완전히 무기력해져 버리고 맙니다.[16]

kṛpāsanāthāni satāṃ manāṃsi
kṣāntyā kṛtasvastyayanakriyāṇi |
naṣṭātmadṛṣṭīni parāpakārān
na vikriyāṃ yānti guṇānurāgāt || 3.17 || upajāti (ārdrā)

mithyāvikalpo hṛ*dayajvarasya *5r6
krodhasya hetur dhṛtidurbalānām |
samyagvikalpas tu samādadhāti
kṣāntiprakārāṃ manasaḥ praśāntim || 3.18 || indravajrā

vikalpasanniśrayasaṃśritāyāṃ
kṣāntyāṃ na tu syāc calitāvakāśaḥ |
pratyuṣavātasphurite[1] 'mbhasīva
saṃpūrṇacandrapratibimbalakṣmyāḥ[2] || 3.19 || upajāti (ārdrā)

vikalpaśāntiṃ paramārthatas tu
kṣāntiṃ kṣamātattva*vido vadanti | *5r7
tasmād vikalpopaśame yateta
svapnopamaṃ lokam avekṣamāṇaḥ || 3.20 || upajāti (kīrti)

---

[1] pratyuṣavātasphurite] Fed. Med. Sed., pratyuṣavāta*phurite K
[2] -lakṣmyāḥ] K Sed., -lakṣyāḥ Fed. Med.; 해당 티베트역 없음.

3.17 인욕을 통해 상서로운 행위를 행하고
자아[에 대한 그릇된] 견해를 제거하여
자비를 완전히 갖춘 성인들의 마음은
[오직] 공덕[의 축적]에 몰입되어 있기에,[17]
타인의 공격에도 전혀 동요하지 않습니다.

3.18 잘못된 분별(mithyāvikalpa)은
확고함이 부족한 이들의 마음을
불타게 하는 분노의 원인입니다.
하지만 올바른 분별(samyagvikalpa)은
인욕의 한 측면으로서,
고요함이 마음에 자리하도록 만듭니다.[18]

3.19 인욕이 [바른] 분별의 기반에 의지하는 한,
[보살의 인욕이] 흔들리는 일은 결코 생기지 않습니다.
마치 동틀녘 불어오는 바람에 [호수의] 물결이 일렁거려도,
[호수에] 비친 보름달의 아름다움이 [결코 흔들리지 않는] 것처럼.[19]

3.20 인욕을 진실로 아는 자들은
인욕이란 궁극적으로는 분별을 잠재우는 것이라 말합니다.
그러므로 세상을 꿈과 같이 관찰하는 이라면
분별을 완전히 잠재우는 데에 노력을 기울여야 합니다.[20]

cakṣuḥ kim ākrośati cakṣur etac
chrotrādi[1] vākrośati kiṃ tadādi |
yaivaṃ kṣamā sāyatanānvavekṣā
na kṣāntir eṣā paramārthatas tu || 3.21 || indravajrā

vaktā vacaś caitad anityam eva
śrutir vikalpo 'pi ca yo mamāyam |
anityabhāvapravikalpanaiṣā
na kṣāntim etāṃ paramāṃ vadanti || 3.22 || upajāti (jāyā)

kartāpakārasya na kaścid asti
naivāsti kaścit kriyate ca yasya |
nairā*tmasaṃdarśanasiddhir eṣā *5v1
na kṣāntir eṣāpi gataprakarṣā || 3.23 || indravajrā

tat tat pratītya prabhavanti bhāvā
nindāpraśaṃsāsukhaduḥkhasaṃjñāḥ |
pratītyasiddher avatārabhūmir
na kṣāntir atyantasamāhitaiṣā || 3.24 || upajāti (śālā)

---

[1] chrotrādi] Fed. Med. Sed. (Tib. *rna ba la sogs*); chrotādi K

3.21 눈(眼)이 화를 내겠습니까! 이것은 [그냥] 눈[일 뿐]입니다.
아니면, 귀 등[의 감관]이 화를 낼 수 있겠습니까!
그것들은 [그저 귀 등일 뿐입니다.]
이처럼, [육근과 육경의 십이] 처(āyatana)를
관찰하지 않는 인욕이란
궁극적인 측면에서 [진정한] 인욕이 아닙니다.[21]

3.22 말하는 자와 말, 이 [모두] 무상한 것입니다.
듣는다는 이것 또한 나의 분별일 뿐입니다.
이는 '무상'이라는 상태에 대한 [또 다른] 분별[일 뿐]입니다.
[그러므로 붓다들은] 이를 궁극적인 인욕이라 하지 않습니다.

3.23 어떤 것도 행해지지 않으며,
행위자가 있는 것도 아닙니다.
이것이 무아의 통찰을 성취하는 것입니다.
하지만 이 [같은] 인욕도 아직 최상의 경지에 이른 것은 아닙니다.[22]

3.24 이것은 저것을 연하여,
비난, 칭송, 행복, 고통이라는 이름하는 상태가 일어납니다.
연[기의 이해]를 성취하여 들어간
[현전지] 단계(avatārabhūmi)에서의 인욕[도]
완전히 완성된 것은 아닙니다.[23]

yady eṣa saṃmohamahāgraheṇa
paryastacetā nanu nāham evam |
ity unnate cāvanate ca citte
kṣāntiprakarṣasya kuto 'vakāśaḥ || 3.25 || indravajrā

pradhvaṃsinī varṇalavapratiśrud
yantrād ivaikaikaśa uccarantī |
kuryāṃ kathaṃ kasya ca kāṃ ca pī*ḍām *5v2
eṣāpi na kṣāntir atiprakṛṣṭā || 3.26 || indravajrā

yady eṣa matpāpaparikṣayārthaṃ
nāvekṣate svām api dharmmapīḍām |
asmān na kalyāṇataraṃ hi mitram
asāv api kṣāntyupacāra eva || 3.27 || upajāti

karmasvatām eva hi vīkṣamāṇas
titikṣate tadguṇadarśanāc ca |
naivaṃprakārāpi hi naiṣṭhikatvaṃ
kṣāntir vikalpopahatā prayāti || 3.28 || upajāti (vāṇī)

3.25 만약 미혹이라는 악마 라후(Mahāgraha)에 사로잡혀 있으면서,
"나는 진정 [미혹에 사로잡히지] 않았다"라고 [말한다면,]
[그의] 마음은 우쭐하면서도 동시에 가라앉은 것인데,[24]
이를 어찌 뛰어난 인욕을 이룬 자의 경우라고 할 수 있겠습니까.

3.26 마치 [어떤] 기계에서 나온 소리의 파편이 메아리로
차례차례 퍼져 나와 사라지는 것처럼,
[무상함을 안다면]
대체 누구에게, 어떻게, 어떠한 상해를 입힐 수 있겠나이까!
그럼에도, 이러한 인욕도 가장 수승한 것은 아닙니다.[25]

3.27 만약 친구가 내 죄를 없애주기 위해서
스스로 법을 해치는 것을 개의치 않는다면,
그 친구는 결코 좋은 법우가 아닙니다.
또한 그 행동도 인욕을 행하는 것이 절대 아닙니다.[26]

3.28 자신의 행위를 점검하면서도
그 공덕을 살펴 인욕을 행한다면
이러한 종류의 인욕은 [여전히] 분별에 물들어 있기에
진실로 궁극적인 상태에 이른 게 아닙니다.[27]

anityaduḥkhāśuciniḥsvabhāvatā
mama kṣamante na tu tadviparyayāḥ |
iyaṃ vipakṣapraśamakṣamā kṣa*mā *5v3
dvayapravṛtter na tu pāramārthikī || 3.29 || vaṃśastha

ayaṃ na[1] tattvārthavicakṣaṇo janaḥ
parāpakāreṣu[2] yataḥ pravartate |
kṣamā na caivaṃ samatāṃ sameti yā
yataḥ kṣamaivaṃ na vikalpanakṣamā || 3.30 || vaṃśastha

nirodham[3] āyānti yadā tv aśeṣataḥ
samādhikanyūnavikalpanakramāḥ |
anuttarāṃ kṣāntim amānagocarāṃ
vadanti tām advayamārgacāriṇaḥ || 3.31 || vaṃśastha

svataḥ parasmā*d ubhayād ahetuto *5v4
yathā na bhāvāḥ prabhavanti kecana |
svataḥ parasmād ubhayād ahetutas
tathā na bhāvā vibhavanti kecana || 3.32 || vaṃśastha

---

[1] ayaṃ na] Sed. (= ayan na, K); ayatna- Fed. Med.
[2] parāpakāreṣu] K Sed. (Tib. *gzhan la gnod par*), paropakāreṣu Fed. Med.
[3] nirodham] Fed. Med. Sed., nirodhayam K (*hypermetric*)

3.29 "무상(無常)과 고통(苦), 그리고 부정(不淨)과 무자성(無自性)은
나에게 [옳은 것으로] 받아들여지지만,
그와 반대되는 것들은 그렇지 못하다"[고 한다면]
부정적인 것만을 잠재우는 게 가능한 이러한 인욕이란
[여전히] 이원성이 작용하고 있으므로,
궁극적인 단계의 인욕이 아닙니다.[28]

3.30 타인을 공격하는 일을 일삼는 사람은
진실(眞實義)을 꿰뚫어 보지 못합니다.
이처럼 분별을 제거하지 못한 인욕이기 때문에,
이 같은 인욕은 [아직] 평등함을 갖추지 못한 것입니다.

3.31 보통이거나 더하거나 덜한 [모든] 단계의
분별 작용의 과정이 남김없이 완전히 멈췄을 때,
불이(不二)의 길을 행하는 이들은
그것을 아만의 작용에서 벗어난 최상의 인욕이라 말합니다.

3.32 스스로에게서나 다른 것으로부터나
혹은 양쪽 모두에게서
그 어떤 존재도 원인 없이 생겨나지 않듯이,
마찬가지로 스스로에게서나 다른것으로부터나
혹은 양쪽 모두에게서
그 어떤 존재도 원인 없이 사라지지 않습니다.[29]

naṣṭād anaṣṭād ubhayāc ca nobhayān
na jātu kāryaṃ khalu vidyate kvacit |
tathāpi kāryaṃ samudeti vastuno
yetthaṃ kṣamā sā dvayavarjitā kṣamā || 3.33[1] || vaṃśastha

sato 'sato vāsti na janma janmanā
vinā nirodho 'pi na kasyacit kvacit |
sva*bhāvaśūnyām iti bhāvakalpanāṃ *5v5
vipaśyataḥ kṣāntir udeti naiṣṭhikī || 3.34 || vaṃśastha

avāpya yāṃ vyākriyate sahasraśo
jinair asau nāma jino bhaviṣyati |
pravartate lokahitakriyāvidhiḥ
samāhitasyaiva ca tasya sarvadā || 3.35 || vaṃśastha

yāvac ca bhāvābhiniviṣṭabuddhir
antadvayaṃ[2] tāvad upaiti mohāt |
tathā nimittaṃ[3] ca vimokṣahetur
dūre bhavaty asya yathā kṣiteḥ khaṃ ||* 3.36[4] || *5v6
upajāti

---

[1] 3.33] K Fed. Med., *omit.* Tib. Sed.

[2] antadvayaṃ] K, atra dvayaṃ Fed. Med., *omit.* Tib. Sed.

[3] tathā nimittaṃ] *corr.*, tathānimittaṃ Fed. Med.

[4] 3.36] K Fed. Med., *omit.* Tib. Sed.

3.33 소멸된 것으로부터, 소멸되지 않은 것으로부터,
그리고 둘 모두인 것과 둘 모두가 아닌 것으로부터는
그 어떤 경우든 어떠한 결과도 존재하지 않습니다.
그럼에도 사태(事態)로부터 어떤 결과가 발생하니,
이처럼 수용하는(kṣamā) 것,
이것이 이원성을 벗어난 인욕(kṣamā)입니다.

3.34 존재하는 것으로부터 혹은 존재하지 않는 것으로부터
생기는 것은 어떤 것도 없습니다.
어떤 경우에도 일어남 없이는 어떤 것도 멸하지 않습니다.
[모든] 존재 상태의 분별을 '자성이 공하다'라고 관(觀)하는 이,
[그]에게만 궁극적 경지의 인욕이 일어납니다.

3.35 그러한 [궁극적 인욕을] 성취한 후,
천 명의 승리자(= 붓다)에게서 수기를 받아
그는 진정 승리자가 될 것이니,
언제나 [궁극적 인욕에] 마음이 집중되어 있는 그는
세상의 이익을 위한 행위를 일으킵니다.[30]

3.36 인식이 존재의 양태에만 빠져 있는 한,
어리석음 때문에 양극단의 견해에 빠지게 됩니다.
그리하여 저 하늘이 땅과 멀리 떨어져 있듯이,
상(相)은 해탈의 원인과 [멀리 떨어져 있습니다.]

upaiti dharmapraṇidhānakarmasu
prabhutvam ṛddhāv adhimuktijanmasu |
tathā pariṣkāravidhau svacetasi
prakarṣiṇi jñānabale tathāyuṣi || 3.37 || vaṃśastha

avāpya caitad vaśitāmayaṃ dhanaṃ
prakṛṣṭam akṣiṣṇuparārthasādhanam[1] |
janasya kṛcchreṣu patiṣyataḥ sataḥ
sa jāyate dhāraṇakāraṇaṃ vibhuḥ || 3.38 || vaṃśastha

tasmāt parārthamahatīṃ dhuram udvahadbhiḥ
kṣānter upāyavidhir eṣa sadānugamyaḥ |
atra* sthitasya hi bhavanti parārthacittāḥ[2] *5v7
sarvāḥ[3] kriyā guṇaphalābhariṇābhirāmāḥ[4] || 3.39 || vasantatilakā

asyāṃ hi bhaktir api yā pravirūḍhamūlā
tām apy uśanti[5] munayo munirājabhāve |
śraddhānuviddhamanasāṃ na hi dharmamārge
dṛṣṭo manoratharathasya yato 'kṣabhaṅgaḥ || 3.40 || vasantatilakā

|| kṣāntipāramitāsamāsaḥ || 3 ||

---

[1] akṣiṣṇuparārthasādhanam] K Fed., akṣiṣṇu parārthasādhanam Med. Sed.

[2] parārthacittāḥ] Fed. Med. Sed., parārthacitrās K

[3] sarvāḥ] Med. Sed. (= sarvvāḥ K^{pc}), sarvā Fed. (= sarvvā K^{ac})

[4] guṇaphalābhariṇābhirāmāḥ] K guṇaphalābhiraṇābhirāmāḥ Fed. Med. Sed. (Tib. *spyod yul yon tan 'bras bu'i rgyan ldan 'gyur*)

[5] apy uśanti] Sed. (Tib. *kyang ... zhes gsungs*) (= apy usanti K), abhyusanti Fed. Med.

3.37 [완전한 인욕을 성취한 이에게는] 법과 서원과 행위에 대해,
초월적인 힘에서 대해, 승해(勝解)와 재생에 관해,
재물에 대해, 자신의 마음에 대해,
뛰어난 지혜의 힘에 관해, 그리고 수명에 대해
완전한 통제력이 생겨납니다.[31]

3.38 그리고, 이처럼 [열 가지] 자제력을 바탕으로,
다함이 없이 타인의 이익을 일으키는[32] 뛰어난 자신을 얻고선,
어려운 상황에 떨어지려고 하는 이를 구제할 수 있는
강력한 힘을 지닌 이로서 태어납니다.

3.39 그 때문에 타인의 이익이라는 위대한 짐을 짊어진 이들은
이 인욕의 방편들을 항상 추구해야만 합니다.
실로 여기 [인욕의 방편에] 머무는 이의 이타심은 모두
공덕의 열매를 맺기에 적합한 행위로 변할 것이기 때문입니다.

3.40 무니들은 이 [인욕]에 뿌리를 두고 자라는 믿음 또한
성자들의 왕(= 붓다)의 상태에 있는 것이라 여깁니다.
왜냐하면, 다르마를 향한 여정에서
믿음이라는 확고한 마음을 지닌 이들의
[해탈을 향한] 염원이라는 전차의 바퀴축이
부서지는 것을 [누구도] 본 적이 없기 때문입니다.[33]

인욕바라밀다 [가르침의] 요약[을 마칩니다].

『주』

1 3.1] 본 게송과 유사한 게송을 『자타카말라』(28.29 (hantīti yā dharmavipakṣamāyāṃ prāhuḥ sukhaṃ caiva vimokṣamāyām | tasmān na kuryāt ka iva kṣamāyāṃ prayatnam ekāntahitakṣamāyām ||)에서 찾을 수 있는데, 첫 번째 pāda가 saṃmohanīṃ manmathapakṣamāyām으로 차이가 난다. 이에 관련해 Meadows(p.288)는 saṃmohana가 카마(Kāma) 신이 지닌 다섯 개의 화살 중 하나의 이름이라는 점을 언급한다.

2 3.1-2] 인내(kṣamā)를 통해서 수행자는 애욕을 없애고 해탈의 지혜를 얻을 수 있다. 더불어 보살의 대서원인 중생을 구제하기 위해서도 필수적인 것이기에, 불교 수행자라면 어느 누구라도 이러한 덕목을 성취하기 위해 노력하지 않을 수 있겠는가라고 게송은 반문한다. 어근 √kṣam(용인하다, 감내하다, 견디다)에서 파생된 단어인 여성명사 kṣamā는 가능성과 수용력이라는 뜻에서 '인내, 참을성' 등으로 번역된다. 동일한 동사어근에서 파생한 kṣānti 또한 kṣamā와 동의어로, 흔히 '참을 忍'의 의미를 강조한 '인욕'이라고도 번역된다. 첫 번째와 두 번째 게송은 kṣamā라는 용어가 의미하는 '[감내, 수용하는] 능력/힘'이 어떻게 쓰일 수 있는지를 강조하고 있다. 3.2 게송과 평행게송을 『자타카말라』 28.26에서 찾을 수 있다.

3 3.3] 일반적으로 인도에서 특정 종교에 입문하는 의례를 뜻하는 dīkṣā는 어근 √dīkṣ(봉헌(奉獻)하다, 헌신하다)에서 파생된 의욕활용 명사로 '헌신하고자 하는 의지'라는 뜻을 내포한다. kṣamā 혹은 kṣānti와 동의어인 titikṣā 또한 어근 √tij(감내하다, 견디다)에서 파생된 의욕활용 여성형 명사로 '감내하고자 하는 의지' 등으로 풀이할 수 있다. 다시 말해, 이 게송은 유사한 의미의 두 단어를 병렬해서 인욕이란 중생구제에 헌신하고자 하는 마음을 일으키는 일종의 종교의례와도 같음을 이야기한다.

4 인욕은 수행의 힘을 충분히 갖춘 수행자들만이 가질 수 있는 징표이다. 인욕은 특히 분노를 잠재우는 힘을 지녔는데, 게송은 이를 타오르던 화염을 단번에 꺼뜨리는 비구름에 빗대어 설명한다. 나아가 인욕은 단지 현생에만 적용되는 것이 아니라 내생에서도 분노를 잠재우고, 모든 불운을 없애 주기에 탁월한 덕목임을 말한다. 이와 동일한 게송을 『자타카말라』 28.27에서 찾을 수 있다.

5 그 누구가 악담을 내뱉는다고 할지라도, 인욕이라는 갑옷을 두르고 있는 보살들에게는 영향을 끼치지 못한다. 오히려 악담들은 보살의 인욕을 더욱 두드러지게 만들어주어, 결국에는 마치 꽃장식처럼 바뀌어 보살의 명성을 장엄할 뿐이다. 동일한 게송을 『자타카말라』 28.28에서 찾을 수 있다.

6 3.6] 인욕은 악한 이들이 내뱉는 말 속에 담긴 독을 제거한다. 밤에 떠오른 달빛이 사람들의 마음을 기쁘게 하듯이, 지혜를 갖춘 인내는 남을 기쁘게 한다. 인내는 수행자들이 확고한 마음을 지니기 위해서 갖추어야 할 마음가짐이며. 이러한 인내를 통해서만 우리는 덕을 키울 수 있다.

7 3.7] 이 게송은 열기를 분노에, 비구름을 보살에, 비를 인욕에 비유하면서, 산스크리트 정형시에서 동일한 단어로 두 가지 이상의 뜻을 표현하는 기교(śleṣa)를 보여준다. 이중 구조는 다음과 같이 풀이될 수 있다. 자연적 현상(sattva)으로 끝없이 깊이를 알 수 없는

(gāmbhīryamaya) 여러 겹의 물결을 이룬(guṇārṇava) 비구름은 이미 무거워져 있어 느릿하게 흐른다(vyatītavela). 이처럼 속이 깊은(gāmbhīryamaya) 보살([bodhi]sattva)은 욕망을 여의었기에(vyatītavela), 그에게는 공덕이 물결처럼(guṇārṇava) 끊임없이 일어난다. 즉, 이 게송에서 모든 속격들은 비구름과 보살을 지칭하며 그들이 각기 지닌 속성을 동일한 단어로 표현하고 있으므로 두 번씩 번역될 수 있다. 열기가 가득한 대지를 식혀 줄 비는 비구름으로부터 나온다. 결국 비구름이 비를 내리기 전 천지를 흔드는 소리를 내듯이, 보살에게는 인욕이 생겨나게 된다는 것을 표현하고 있다.

8 3.9] 게송은 강물에 인욕을 비유하는 게송으로, 열매가 가득 달린 커다란 나무라고 할지라도 물결이 거센 강물의 곁에서는 버티지 못하고 뿌리가 뽑히는 것처럼, 악의를 가득 품은 허물이라고 할지라도 인욕의 완성을 통해 이러한 잘못을 제거할 수 있음을 표현하고 있다. 더 나아가 강물이 마침내 큰 바다에 이르듯이, 깨달음을 위한 공덕이 늘어나는 상태를 대양에 비유해 인욕의 완성이 결국 공덕을 쌓는 데도 핵심적인 것임을 표현하고 있다.

9 3.10] 앞선 게송에서도 표현되었듯이, 인내는 현생뿐만이 아니라 내생에서도 도움을 주는 것으로, 결국 이타행을 위한 근본 토대가 된다. 그러므로 인욕은 단지 추상적인 것이 아니라 구체적인 마음과 몸, 그리고 말을 통한 정화라고 볼 수 있다.

10 3.11] 중생의 구제를 위해 해탈하지 않고 윤회에 머무는 보살들에게 슬픔이나 낙담이란 있을 수 없다. 그들은 오히려 모든 세상을 위해서만 행위하기 때문에, 빛이 모든 곳을 골고루 비추듯이, 그들의 빛(yaśas)이라는 명성(yaśas)을 통해 세상은 더욱 찬란하게 빛난다.

11 3.12] 전생의 긴 시간을 거쳐 보살행을 펼쳐오면서 쌓은 인욕의 힘은 보살을 어떠한 혼란에도 혹은 어느 누구의 비방에도 흔들리지 않게 하며, 결국 이를 통해 보살은 무생법인(無生法忍)을 얻게 된다. 인욕은 실천적 측면뿐만이 아니라 인식적 측면에서도 무상성이라는 진리를 수용할 수 있는 힘으로 기술된다. 왜냐하면 무상성을 기반으로 한 현실에 대한 인식은 고락의 경험 속에 있다고 할지라도 평정심을 잃지 않게 하기 때문이다.

12 3.13] 본 게송에서는 보살은 비난을 포함해 여덟 가지의 모든 세간법(世間八法)에 전혀 영향을 받지 않음을 이야기한다. 세간팔법이란 세속적 세계에서 인간의 마음 상태를 동요시키는 것으로, 이익(lābha)과 손해(alābha), 명예(yaśas)와 불명예(ayaśas), 칭송(praśaṃsā)과 비난(nindā), 행복(sukha)과 고통(duhkha)을 말한다. 이 게송과 유사한 서술로 Śāntideva가 자신의 저서 *Śikṣāsamuccaya*에서 인용하는 『법집경(*Dharmasaṃgītisūtra*)』의 구절을 들 수 있다.: yathoktam Āryadharmasaṃgītisūtre | na śūnyatāvādī lokadharmaiḥ saṃhriyate 'niśritatvāt | na sa lābhena saṃhṛṣyāti | alābhena na vimanā bhavati | yaśasā na vismayate 'yaśasā na saṃkucati | nindayā nāvalīyate | praśaṃsayā na anunīyate | sukhena na rajyate duṣkhena na virajyate | yo hy evaṃ lokadharmair na saṃhriyate sa śūnyatāṃ jānīta iti | ("성스러운 『법집경』에서는 다음과 같이 설한다. '공성을 논하는 이들은 세간의 법들에 취착하지 않는다. 왜냐하면 [세간의 법에] 의존하지 않기 때문이다. 그는 소유에 취착하지 않으며, 소유하지 않기에 마음이 번잡하지 않다. 명예를 자랑하지 않기에 불명예에 의해서도 위축되지 않는다. 비난에 휘둘리지 않으며, 칭찬에도 이끌리지 않는다. 기쁨에 물들지 않으며 불행에도 아랑곳하지 않는다. 실로 이와 같이 세간의 법에 취착하지 않는 그가 공성을 안다'라고 설해진다"). Cf. Meadows 1986:290.

13 3.14] 원문에서 문장의 주어인 붓다의 상태를 성취하기 위해 열망하는 진실된 이들의

'마음들'은 복수형으로 표현되어 있으나, 단수형으로 번역했다. 복수형 사용의 이유로 운율상의 음절수를 먼저 꼽을 수 있겠지만, 그 바탕에는 인욕을 통해 마음의 평정을 얻은 수많은 불보살들의 존재를 전제하고 있기 때문이라고도 볼 수 있다.

14 3.15a *kṣāntidhīreṇa*] 사본의 독법은 kṣāntivīreṇa이지만, 티베트역 brtan pa (=*dhīreṇa)에 기반한 기존 편집본의 교정을 그대로 따랐다. 아마도 이 두 가지 리딩은 dhī와 vī의 서체상의 유사성으로 인해 전사 과정에서 생겼을 것으로 보인다. 하지만 의미는 대동소이하므로 사본의 리딩을 그대로 따라도 무방하나, 『자타카말라』(28.56: akṣatakṣāntidhīraṃ cittaṃ)의 표현이 있어, 이를 참조해 -dhīreṇa의 읽기를 선택했다.

15 3.15] 불교에서 인욕과 관련하여 [붓다의 전생담들과 같이] 온갖 종류의 고행이 서술되는 이유에 대해, 고행을 주된 수행으로 하는 자이나의 성취자들을 돕고자 하는 이유에서라고 게송은 설명한다. 이에 대해 Meadows는 그들에게 도움을 주고자 하는 소망(hitakāmyā)이라 함을 자이나를 불교도로 개종시키려는 의도라고 해석한다.

16 3.16] '이 세상(loko 'yam)'이라는 말은 보살과는 상반되는 일반의 대부분의 세간 사람들을 지칭할 때 쓰인다. 그들은 자신이라는 개념에 집착하므로, '나와는 별개의 남'이라는 생각에 집착하게 되어 스스로를 괴롭히며 결국 스스로를 무기력하게 만든다.

17 3.17d *guṇānurāgāt*] 불교 문헌에서 'anurāga'는 흔히 대상에 대한 '집착'이라는 부정적인 의미에서 사용된다. 하지만 여기서는 인욕을 행하는 성인의 마음은 남들의 공격을 받을지라도 그로 인해 어떤 악업도 더 이상 생겨나지 않도록, 다시 말해, 그 결과가 공덕으로 이어지게 하는 데에 마음이 쏠려 있다는 문맥에서 사용되고 있으므로, anurāgāt를 '관심이 오직 그 방향으로만 집중되어 있기 때문에'라는 의미로 해석했다. Cf. 유사한 맥락을 『자타카말라』(28.45: athāpy ayaṃ syād aparādha eva me kṣamā tu śobheta tathāpi te nṛpa | kṣamā hi śaktasya paraṃ vibhūṣaṇaṃ guṇānurakṣānipūnatvasūcanāt ||)에서도 찾을 수 있다.

18 3.18] Meadows는 이 게송을 anutpattikadharmakṣānti(無生法忍)에 관한 다양한 분별(vikalpa)의 종류와 그 특성을 보여주는 중요한 내용이라고 주목한다. 잘못된 분별(mithyāvikalpa)과 바른 분별(samyagvikalpa) 가운데 후자의 분별심을 평정(praśānti)을 불러일으키기 위해 필요한 것으로서 인욕의 단계에서 성취된다고 묘사하고 있다. 물론 이러한 종류의 모든 분별심은 최종 단계에서는 모두 제거되어야 한다.

19 3.19] 인욕의 단계에선 올바른 분별이 토대로서 필요하며 이를 호수에 비친 달의 영상에 비유하고 있다. 호수의 물결이 일렁인다고 할지라도 거기에 비친 달빛의 영상은 물의 일렁임을 보여주는 것일 뿐, 그 아름다움의 원천인 달은 어떤 흔들림에도 영향을 받지 않는다. 이처럼 인욕이 올바른 토대에 뿌리를 내릴 때, 불안정한 마음 상태는 일어나지 않는다.

20 인욕을 완성해 가는 과정의 마지막 단계를 설명하는 게송으로, 앞서 말한 바른 분별이 인욕을 수행하는 데 필요한 것이지만, 최종적 단계, 다시 말해 궁극적인 진리의 측면에서, 그러한 분별조차 모두 사라진 경지가 인욕을 완성한 상태임을 설명한다. 이러한 궁극적인 인욕을 위해서 세상의 실상이 마치 꿈과 같음을 알아야 한다는 점도 함께 시사한다.

21 3.21] 앞서 인욕은 불과 같은 분노를 제거하는 비구름이라고 자주 비유되었다. 분노라는 사태를 자세히 관찰하면, 화를 내는 어떠한 주체가 있지 않다는 것을 깨닫게 된다. 이러한 인식은 6근과 6경이 결합한 12처의 측면에서 사유함을 통해서 얻어질 수 있으니, 이러한 인욕이야말로 진정한 의미에서 인욕을 성취한 경지라고 설명한다.

22 3.23] 행위에 어떤 행위자도 행위 대상도 없음을 깨달아 무아를 통찰하는 것 또한 인욕의 한 종류라고 설명된다. 하지만 게송은 이를 넘어선 더 높은 차원의 인욕이 있음을 함축한다.

23 3.24] 『십지경(*Daśabhūmikasūtra*)』에서는 제 여섯 번째 단계인 현전지(abhimukhī-bhūmi)에서 보살은 연기에 대한 완전한 이해를 이룬다고 설명하며, 이 단계에서 세 번째 인욕인 '예리한 유순인(柔順忍, tīkṣṇā ānulomikādharmakṣānti)'을 보살이 얻는다고 설해진다(cf. Meadows p.293). 그러나, 여기서 avatārabhūmi라는 표현은 성문지에서 등장하는 취입지(趣入地 avatārabhūmi)라는 전문용어라기보다는 어떤 특정한 상태를 성취함으로써 들어가게 되는 단계를 의미하는 일반 술어로 판단했다. 이러한 문맥은 『십지경』의 설명에 더 가까운 것으로 보인다. Cf. *Daśabhūmikasūtra*(Rahder ed. pp.53-4: tasyāsyām abhimukhyāṃ bodhisattvabhūmau sthitasya prajñāpāramitāvihāro 'tiriktatara ājato bhavati tīkṣṇā cānulomikī tṛtīyā kṣāntir eṣāṃ dharmāṇāṃ yathāvad anulomatayā na vilomatayā, ... asaṃhāryaś ca bhavati sarvaśrāvakaparipṛcchāyāṃ kuśalaḥ sattvān pratītyasamutpāde 'vatārayitum) 유순인 이후, 무생법인(無生法忍)의 완성은 제6지와 제7지(원행지, 遠行地)를 거쳐 제8지(부동지, 不動地)에서 이루어지는 것으로 설명된다. (Cf. Rahder ed. p. 64: sa sarvaśaś cittamanovijñānavikalpasaṃjñāpagato 'navagṛhīta ākāśasamo 'bhyavakāśaprakṛtito 'vatīrṇo 'nutpattikadharmakṣāntiprāpta ity ucyate)

24 3.25c *unnate cāvanate ca citte*] Meadows는 절대 처격 구문으로 이뤄진 세 번째 구(unnate cāvanate ca citte)를 마음이 [자만으로] 우쭐거리게 되며 [미혹으로] 가라앉게 된다고 설명한다. 이는 첫 번째 구의 'saṃmohamahāgraheṇa'와 연결되어 saṃmoha(미혹)에 비유된 달이 일식과 월식을 일으키는 존재인 아수라 라후(Rāhu)에게 집어삼켜져서 하늘이 어두워지는 상황을 빗댄 것이라고 해설한다(Cf. Meadows p.201, 293). 이러한 이해는 unnata와 avanata라고 하는 과거분사도 둘 다 √nam(to bow)이라는 동사에 ut와 ava라는 접두사가 각각 영어의 부사 up과 down과 유사한 기능을 하는 것으로 이해할 수 있는데, 이는 서로 반대되는 방향성을 지시한다. 더하여, ca라는 문장 연결을 위한 접속사가 두 번 사용된 이유는 그의 마음 상태가 우쭐해 들떠 있지만, 실제로는 미혹으로 인해 가라앉아 있음을 동일한 동사어근을 써서 수사적 표현을 하고 있기 때문이다.

25 3.26] 22송과 마찬가지의 비유를 담고 있다. 메아리와 같은 소리가 울려 퍼졌다가 사라지는 것은 어떤 현상이 생겼다가 사라지는 무상성을 빗대는 데에 주로 사용되는 비유이며, 23송에서 보았듯이 행위와 행위자가 없음을 관찰하는 것은 무아의 측면을 아는 것이다.

26 3.27] 누군가의 죄를 없애는 것만큼이나 그러한 과정이 절대 정의(dharma)를 해치는 행위를 수반하지 않아야 함을 강조하고 있다. 만약 스스로 법을 어기면서도 남을 도우려고 한다면, 그는 덕 있는 법우가 될 수 없으며, 그 행위 또한 진실한 의미의 인욕 수행이라고 말할 수 없다.

27 3.28] 인욕의 실천은 자신의 행위를 점검하는 것으로 시작되지만, 그 행위로 인해 생겨날 공덕을 생각해서 점검하는 것이라면, 이러한 인욕도 진정한 의미의 인욕은 아니라고 게송은 말한다.

28 3.29] 일체무상, 일체개고, 부정과 무자성이라는 불교의 가르침을 인정하고 받아들이지만, 이러한 법들과는 반대의 것들을 인정하지 못하고 감내하지 못한다면, 그러한 인욕 또한 궁극적인 의미에서 완전한 인욕이 아님을 설명하고 있다. 다시 말해, 무상은 인정

하나 영원이라는 것을 거부하고 있다면, 이는 여전히 무상과 영원이라는 분별을 만들고 있는 것이므로, 불이의 상태라고 할 수 없다. 이 게송에서는 어근 √kṣam에서 파생된 현재형 동사(kṣamante)와 이차 접미사(taddhita)가 붙은 명사형(kṣamā)의 반복적 소리를 통해 시적 아름다움을 돋보이게 하는 시적 기교(yamaka) 또한 담겨 있다.

29 3.32] Meadows는 이 게송과 유사한『중론송』1.3 (na svato nāpi parato na dvābhyāṃ nāpy ahetutaḥ | utpannā jātu vidyante bhāvāḥ kvacana kecana ||)의 게송을 예로 들어 아리야슈라(Āryaśūra)가 중관학파의 입장을 전한다고 논한다(Cf. Meadows 1986 p.295).

30 3.35] 궁극적인 의미에서 완전한 인욕을 이룬 후 보살은 수많은 붓다들에게서 붓다가 될 것이라는 수기를 받게 된다. 완전한 인욕이란 어떤 경우에도 상관없이 언제나 그러한 인욕을 행하고 있는 상태이기 때문에, 세상의 이익을 위해 그가 선택한 어떤 행위도 원래의 목적 그대로 제대로 작용하게 된다는 점을 게송은 설명하고 있다.

31 3.37] 본 게송의 구문은 간단한 구조로 되어 있는데, 완전한 인욕을 성취한 자에게 수반되는 다양한 자재력 혹은 통제력(prabhutvam)이 생기게 된다는 내용을 처격(locative)으로 기술한다. 이는 보살이 지니게 되는 열 가지 힘(十自在)에 관한 기술이다(『유가사지론』과『십지경』참조). 수명의 자재(命自在), 마음의 자재(心自在), 재물의 자재(財自在), 행위의 자재(業自在), 재생의 자재(生自在), 승해의 자재(勝解自在), 서원의 자재(願自在), 신통의 자재(神通自在), 법의 자재(法自在), 지혜의 자재(智自在)를 의미한다.

32 3.38b *akṣiṣṇu-*] 역자가 접근 가능한 불교와 불교 외의 모든 산스크리트 문헌 가운데서 akṣiṣṇu라는 용어가 사용된 용례를 이 문헌 외에는 찾아낼 수 없었다. √kṣi(사라지다, 멸하다)라는 동사 원형에 '(어떤 것)을 습관적인 것으로서 지니는 행위자, 즉 완벽한 성취를 이룬'이라는 의미를 지닌 iṣṇuc 접미사가 붙은 형용사 kṣiṣṇu-에 부정 접두사 a-가 붙어 최종 목적어인 dhanaṃ를 수식하는 akṣiṣṇuparārthasādhanaṃ라는 소유 복합어의 첫 번째 구성 요소로서 번역했다(Cf. Pāṇini 3.2.136과 138). 이러한 이해는 티베트역의 상응구인 mi zad cing과 맥을 같이한다.

33 3.39-40] 3장을 마무리하는 마지막 두 개의 게송은 특별히 바산타틸라카의 운율로 쓰였다. 마지막 게송은 인욕과 믿음의 관계에 대해 이야기한다. 다시 말해 붓다가 되기 위해 다르마의 길을 걷는 동안에 필요한 믿음은 반드시 인욕에 뿌리를 둔 것이어야 함을 설하고 있다.

제4장

정진바라밀다 가르침의 요약

Vīryapāramitā-samāsa

sarvaṃsahe kṣāntibale[1] ca rūḍhe

sarvādbhutāny ārabhate sa śauryāt |

*vīryeṇa kāryārṇavapārageṇa[2] *6r1

yasmāt sa devāny[3] api yāty atītya || 4.1 || indravajrā

sudṛśyapārāṇy api laukikāni

kāryāṇi nirvīryaduruttarāṇi |

aprāpyarūpaṃ tu na kiñcid asti

khedānabhijñena parākrameṇa || 4.2 || upajāti

ārabdhum[4] evotsahate na hīna[5]

ārabhya madhyas tu viṣādam[6] eti |

parārtham aśrāntaparākramās tu

nirvāṇam utsṛjya samārabhante || 4.3 || upajāti

---

[1] kṣāntibāle] Fed. Med. Sed. (Tib. *bzod pa mthu ni*), kāntabāle K

[2] kāryārṇavapārageṇa] Sed. (= kāryārṇṇavapārageṇa K), kāryāntamahābalena Med. (*em.*), kāryā****** Fed.

[3] devāny] K, daivāny Sed. (*em.*), devān Fed. Med. (*em.*), Cf. (Tib. *lha 'am bdud rnams las kyang*)

[4] ārabdhum] K Sed., ārabdham Fed. Med.

[5] hīna] Med. Sed. (*sandhi* 적용), hīnaḥ K Fed.

[6] tu viṣādaṃ] Fed. Med. Sed., tv aviṣādaṃ K

4.1 모든 것을 포용하는 인내의 힘이 커졌을 때,
[그] 용맹함으로 [보살]은 온갖 놀라운 일들을 시작합니다.
과업(課業)의 물살을 넘어 강 건너편에 이르는[1]
영웅적인 능력(vīrya)으로
신들조차도 초월하여 나아가기 때문입니다.

4.2 건너편이 훤히 보이는 세속의 일들이 할지라도
용기 없이는 [건너편으로] 나아가기 어렵습니다.
허나, 지칠 줄을 모르는 영웅적 행보를 통한다면[2]
도달하지 못할 바가 어디 있겠습니까.

4.3 [정진을] 결여한 자는 시작할 엄두를 내지 못하고,
시작은 했으나 [정진력이] 중간인 자는
[금세] 의기소침해져 버립니다.
그러나 지칠줄 모르고 용맹정진하는 이는
열반을 미루고라도 타인을 위해 행동합니다.[3]

prāyeṇa dainyopahato jano ’yaṃ
svādhīnavīryo ’pi gurusvakāryaḥ | *6r2
ahīnavīryasya tu merusāro ’py
akhedasādhyaḥ[1] parakāryabhāraḥ || 4.4 || upajāti

saṃsārakoṭyor ubhayoḥ samānaiḥ
prayāmasārair divasair yadi syuḥ |
samvatsarās tatpracayātidīrghaiḥ
kalpaiḥ samudrodakabindutulyaiḥ || 4.5 || upajāti

utpādayeyaṃ yadi bodhicittam
ekaikam etena parākrameṇa |
saṃbhāraśeṣaṃ cinuyāṃ tathāpi
bhūyāṃsam utsāritakhedadainyaḥ[2] || 4.6 || upajāti

ekaikam evaṃ yadi bodhicittaṃ
prāpyeta sambhāravidhiś ca śeṣaḥ | *6r3
tathāpi bodhiṃ samudānayeyaṃ
kṛpāsamutsāhitadhairyasāraḥ || 4.7 || upajāti (rāmā)

---

[1] akhedasādhyaḥ] K^{pc} Fed. Med. Sed., akheda[ḥ] sādhyaḥ K^{ac}

[2] bhūyāṃsam utsārita-] Sed. (bhūyānsamutsārita- K) ; bhūyāsamutsārita- Fed., bhūyaḥsamutsārita- Med.

4.4 낙심해 있는 사람은 대개
정진할 힘을 스스로 갖고 있어도
자신이 해야 할 일에 버거워합니다.
허나 정진의 힘이 월등한 이는
남을 위해서 행해야 하는 일들이
메루[산](Meru)만큼 많다 해도
지치지 않고 해낼 수 있습니다.

4.5-6 "만약 하루가 윤회와 끝[열반]과 같이
[한량없는] 길이로 늘어나고,
그리고 그러한 날들이 쌓여 여러 해(年)가 되고,
그 같은 해들이 쌓여 겁의 시간으로 길어져서
바닷물을 이룬 물방울 수와 동일하게 흘러도,
저는 이 정진의 노력으로 매번 보리심을 일으키겠나이다.
심지어 더 나아가 의심소침과 낙담을 떨쳐버리고
보다 더 많이 남아 있는 자량을 쌓겠나이다.

4.7 "이와 같이 매번 보리심[을 일으켜]
남은 [모든] 자량을 얻겠나이다.
뿐만 아니라, 연민심으로 더욱 강력해진
확고한 [보리심]을 지니고,
저는 [한 발] 더 나아가 깨달음을 성취하겠나이다."[4]

saṃsāraduḥkhaṃ svam acintayitvā
saṃnāhadārḍhyaṃ yad acintyam evam |
ādyaṃ samādānam idaṃ vadanti
vīravratānāṃ karuṇātmakānāṃ || 4.8 || indravajrā

padbhyām atikramya kukūlakalpāṃ
kṛtsnāṃ mahīm āyudhasaṃskṛtāṃ vā[1] |
yad draṣṭum apy utsahate munīndrān
pātuṃ *śivaṃ dharmarasāyanaṃ vā || 4.9 || *6r4 indravajrā

saṃsārapaṅkāj janatā mayeyam
uddhṛtya nirvāṇasukhe niveśyā |
utkṣepanikṣepavidhau padānāṃ
yac cittam evaṃ ca samādadāti || 4.10 || indravajrā

yad vā hitārthaṃ kramate parasya
puṇyāni vā lokahitāya cetum[2] |
parākramaḥ so ’kṣayavikramāṇāṃ
śrīmatsamādānavidhau dvitīyaḥ || 4.11 || upajāti

---

[1] āyudhasaṃskṛtāṃ vā] K^{pc} Sed., āyudhasaṃskṛtāṃ vāṃ K^{ac}, āyudhasaṃvṛtāṃ vā Fed. Med. (*em*., Tib. *mtshon gyis dkriygs pa*)

[2] cetuṃ] K Sed. (Tib. *bsgrub pa*), cittaṃ Fed. Med.

4.8 윤회의 인해 생겨난 자신의 고통은 아랑곳하지 않은 채,
이처럼 불가사의한, 갑옷과도 같은 견고함.
[붓다들께서는] 이것을 영웅의 계를 섬겨 자비로써 무장한
[보살들]의 첫 번째 실천이라고 말씀하십니다.[5]

4.9 성자들의 우두머리(= 붓다)들을 볼 수 있고
상서로운 법의 영약을 마실 수 있기에
[보살은] 화염이 가득하거나 무기들로 가득 찬
온 대지를 그의 두 발로 넘나들면서도,

4.10 내딛는 걸음걸음마다 담긴 마음가짐은
"나는 중생들을 윤회란 진창에서 건져 올려
[그들이] 해탈의 기쁨에 이를 수 있도록 해야만 한다"
[는 것이므로], 그처럼 [정진행에] 착수하게 되는 것입니다.[6]

4.11 남을 돕기 위함이든,
세상을 도와 공덕을 쌓기 위함이든
[쉬지 않고] 앞으로 걸어 나간다는 것,
그것은 불굴의 노력을 지닌 이들이 행하는
두 번째 숭고한 실천은 용맹정진입니다.[7]

puṇyasya cotpādasamānakālaṃ

saṃbuddhabhā*ve[1] pariṇāmanaṃ yat | *6r5

tadakṣayatvaṃ samudāgamāya

śubhaṃ samādānam udāharanti || 4.12 || upajāti

mahārṇavāmbhaḥsu[2] yathā niṣikto

naivodabinduḥ kṣayam abhyupaiti |

saṃbuddhabhāve pariṇāmitasya

tathaiva puṇyasya na saṃkṣayo[3] 'sti || 4.13 || upajāti

tathā hi kāruṇyaviśuddhabuddhiḥ

sarvajñabhāvāya phalantv amūni[4] |

puṇyāni lokasya carācarasyety

evaṃ sa tāny ārabha*te 'grasattvaḥ[5] || 4.14 || *6r6
upajāti (kīrti)

mahātrisāhasragataṃ janaughaṃ

nirvāpayed ekadine na kaścit |

kalpaṃ tathā naiva ca sattvadhātos

tenāpi kiñcit paripācitaṃ syāt || 4.15 || upajāti (kīrti)

---

[1] -bhāve] K^{pc}, -bhāśva(?) K^{ac}

[2] mahārṇṇavāmbhaḥsu] K Sed., mahatsu vāmbhaḥsu Fed. Med.

[3] saṃkṣayo] Fed. Med. Sed. (cf, Tib. *zad par*), saṃkhyayo K

[4] phalantv amūni] K Sed. (Tib. *bsgrub bya*), phalanty amūni Fed. Med.

[5] 'grasattvaḥ] Sed. (= grasatvaḥ K), śramatvaṃ Fed., susattvaḥ Med.

4.12 공덕이 생겨나는 순간에 그것을
정등각자가 되기 위해 회향하는 것,
그러한 [회향에] 절대 다함이 없도록 하는 것을
[붓다들께서는 세 번째] 훌륭한 실천이라고 말씀하십니다.[8]

4.13 마치 큰 파도 넘실대는 대양에 뿌려진
하나의 물방울이
결코 말라서 사라져 버리지 않는 것처럼,
바로 이처럼 [모든 중생의] 정각을 향해 회향된 공덕은
절대 사라지지 않습니다.[9]

4.14 그와 같이, 연민심을 통해 지혜가 청정해진 이가
'일체지(= 붓다)의 상태를 이루기 위해
움직이는 것이든 움직이지 않는 것이든
[모든] 세상에 이러한 공덕들이 결실을 맺기를!'
이라고 [염원하므로],
이처럼 수승한 존재께서는 [실천]에 착수합니다.

4.15 어떤 누구도 삼천대천계에 있는 수많은 대중을
하루 만에 열반에 들게 할 수 없을 것입니다.
마찬가지로 [보살]이라 하여도 겁의 시간 동안
중생계의 모두를 결코 성숙시킬 수 없을지도 모릅니다.

śrutvāpi sattvākṣayatām imāṃ yaḥ
sattvān aśeṣān[1] vininīṣur eva |
viṣādadoṣānavalīḍhavīryaḥ
kas tasya dūrastha ihārthasāraḥ || 4.16 || upajāti (śālā)

yaḥ puṇyarāśir jagatāṃ samagras[2]
tāvatpramāṇair daśabhir jinasya |* *6r7
nivṛttim[3] āgacchati romakūpa
ekaika ekaikasujātaromā || 4.17 || upajāti

śatena bhūyo guṇitena tena
puṇyena romāspadasaṃśritena |
bhavaty anuvyañjanam evam eva[4]
śeṣāṇi tasya prabhavanti kāye || 4.18 || viparītākhyānikī

tāvadguṇād eva ca puṇyarāśes
tasmād anuvyañjanasaṃpraviṣṭāt |
pratyekaśas tasya jinatvaśaṃsi
nirvartate lakṣaṇacitrakarma || 4.19 || indravajrā

---

[1] aśeṣān] Fed. Med. Sed., aśeṣāna K (*hypermetric*)

[2] samagras] K^{pc} Fed. Med. Sed., samagraḥs K^{ac}

[3] nivṛttiṃ] K Fed. Med., nirvṛttiṃ Sed. (Tib. *mngon par 'grub*)

[4] evam eva] K^{pc} Sed., eva* K^{ac}, ekam eva Med.

4.16 [해탈하지 못한] 중생이
결코 사라지지 않을 것임을 듣더라도,
남김없이 [모든] 중생을 꼭 구제하겠다고 다짐할 수 있는,
바로 그러한 이의 정진이란
의기소침이라는 허물에 절대 잡아먹히지 않으니,
현생에서 지고한 목적[의 달성]이
그에게서 어찌 멀리 있다 하겠습니까.[10]

4.17-8 세상의 모든 공덕들을 열 배로 곱한다 해도
승리자(= 붓다)의 모공 하나하나에 있는
하나하나의 터럭[이 지닌 공덕]에 미치지 못합니다.[11]
그 모공 하나에 담긴 공덕이
다시 백 배가 되어야만 [하나의] 종호(種好)가 되고,
그 나머지 [종호들] 또한 바로 그와 같은 방식으로
[붓다의] 신체에서 생겨난 것입니다.

4.19 다시금 상서로운 상징으로 생겨난 그 공덕의 집적이
그만큼 배로 쌓인 후에야 각각[의 공덕]은
그러한 붓다의 경지를 알리는,
[삼십이]상이라는 놀라운 일로 변화하게 됩니다.

sallakṣaṇotpattinimittabhū*tāt *6v1
sahasrasaṃkhyāguṇitāc ca puṇyāt |
nirvartate tasya manojñavarṇā
saṃpūrṇacandrasphuṭakāntir ūrṇā || 4.20 || upajāti (vāṇī)

ūrṇābhinirvṛttikaraṃ ca puṇyaṃ
śatapramāṇair guṇitaṃ sahasraiḥ |
karoti tasyānavalokanīyaṃ
cchatrābham uṣṇīṣalalāmaśīrṣam || 4.21 || upajāti (jāyā)

ayaṃ mayā puṇyanidhiḥ parārthaṃ
saṃceya ity uttamabodhicitte |
vīryonmukhe kena mukhena tasmiṃl
layapravṛttir labhatāṃ praveśaṃ || 4.22 || upajāti (ārdrā)

sarve 'pi sattvā* yadi lokadhātau *6v2
pratyekabuddhaiḥ sadṛśā bhaveyuḥ |
jñānena tebhyo 'bhyadhikaprabhāvaḥ
kṣāntistha eko 'pi hi bodhisattvaḥ || 4.23 || indravajrā

tathaiva ca kṣāntibalasthitebhyo
viśeṣam āyāty avivartanīyaḥ |
aśrāntavīryaḥ kuśalaprayoge
yal laukike caiva taduttare ca || 4.24 || upajāti (mālā)

4.20 아름다운 빛깔을 띠고 만개한 달,
거기에서 뿜어져 나오는 광채를 품은
그의 백호(白毫 ūrṇā)는
[붓다의] 진실한 증표를 생겨나게 하는 공덕이
천 배로 축적이 되었을 때에 생겨납니다.

4.21 백호를 만들어냈던
[공덕의] 십만 배의 공덕이 쌓여
그의 머리에 [누구도] 감히 우러러볼 수 없는
우산 모양의 육계(肉髻)가 생겨납니다.[12]

4.22 "나는 다른 이들을 위하여
이러한 공덕의 보고(寶庫)를 쌓아야만 한다"라고
수승한 보리심을 지니고 정진을 향해 매진하고 있다면,
대체 나태함이 어떤 문으로 들어올 수 있겠습니까.

4.23 만약 세간의 모든 중생들이
벽지불(辟支佛)과 같이 된다고 할지라도
실로 인욕[바라밀다의 단계]에 머무는
단지 한 분의 보살은 지혜의 측면에서
그들보다도 더 뛰어난 힘을 지니고 있습니다.[13]

4.24 나아가, 바로 그와 같이 결코 퇴전하지 않고,
지치지 않는 정진을 행하는 그는,
세속은 물론 그 [상태]를 넘어선 [초세간]에서도
선(善)을 행하는 데에 지치지 않는 정진을 지녔기에,
인욕의 힘에 머무는 [보살들]보다 더 뛰어납니다.[14]

tebhyaḥ punaś cādhika eva dūraṃ
ya ekajātipratibaddhabodhiḥ |
ka eva vādo dṛḍhavīryavatsu
ye bodhimūle prathamaṃ ni*ṣaṇṇāḥ || 4.25 || *6v3 upajāti

tādṛgvidhajñānaviśuddhipūrṇaḥ
syād yady aśeṣeṇa ca lokadhātuḥ |
yāyāt kalāṃ so 'pi na bodhimūle
sthitasya mārārtikṛto 'ntyajāteḥ[1] || 4.26 || upajāti (bālā)

tādṛgvidhajñānaviśuddhacittāḥ
syur yady aśeṣeṇa ca sarvalokāḥ |
balapradeśasya muner atulyāḥ
kalāpradeśair api te samagrāḥ || 4.27 || upajāti (rāmā)

ity adbhutajñānasamudram ekaḥ
kṛpātmako nistarituṃ prayāti |* *6v4
avyāhatājñaḥ paracittacāre
prajñāvabhāsaṃ ca nabhoviśālam[2] || 4.28 || upajāti (vāṇī)

---

[1] mārārtikṛto 'ntyajāteḥ] Sed. (= mārārttikṛto ṃtyajāteḥ K); mārārttikṛtāntyajāteḥ Fed. Med.

[2] nabhoviśālam] Sed., nabho viśālam Fed. Med.

4.25 이제 막 보리수에 앉은 이들에 비하자면,
단 한 번의 태어남 후에 깨달음을 얻게 될
[일생보처보살]은 그들보다도 훨씬 더 뛰어난 분입니다.
[그의] 굳건한 정진력에 대해서야 말할 것이 뭐가 있겠습니까![15]

4.26 만약 세간[의 모든 세상 사람들이]
남김없이 그같은 방법으로
지혜의 청정함을 가득 채웠다고 하여도,
보리수 아래서 죽음의 신 마라(Māra)를 굴복시키고
마지막 생을 보내신 [붓다 한 분의 지식에 비하면]
작은 파편만큼에도 이르지 못합니다.

4.27 만일 [출세간의] 세상 사람들이
남김없이 그같은 방법으로
지혜를 통해 청정해진 마음을 갖추었다 할지라도,
[정진의] 힘을 보이신 한 분의 성자[= 붓다]에 비하면
작은 파편 크기만큼도 비길 바가 되지 못합니다.

4.28 그러므로, 자비를 갖춘 그 한 분은
경이로운 지혜의 대양을 건너고자(nistaritum) 나아갑니다.
지혜가 막힘이 없는 분이기에
허공과 같이 무한한 그 지혜(prajñā)의 빛을
타인들의 마음자리에 [채우고자(nistaritum) 나아갑니다].[16]

sarveṣu sattveṣu ca tasya mātrā
samānahārdā karuṇābhyudeti |
saṃbuddhadharmāś ca tato ’vaśeṣās
tasyādbhutāḥ[1] saṃprabhavanty aśeṣāḥ || 4.29 || upajāti (vāṇī)

ebhiḥ samādānaguṇair upetaḥ
śuddhaśravaiḥ[2] pelavasattvasattvaiḥ |
aṣṭābhir aṅgair iva tattvamārgo
vīryaprakarṣād adhikaṃ vibhāti || 4.30 || indravajrā

*vīryaṃ tridhā yaḥ kuśalaprayogas *6v5
tasmāc ca vākkāyamanoviśeṣāḥ |
prasthānaviṣṭhānasamāhitasya
vīryaprakarṣasya manomayasya || 4.31 || indravajrā

yo bodhicittapraṇayaḥ samaś[3] ca
kṛpā ca nairātmagatau kṣamā ca |
caturvikalpo janasaṃgrahaś ca
sarveṣu dharmmeṣv anavagrahaś ca || 4.32 || upajāti

[1] -bhūtāḥ] Fed. Med. Sed., -bhūtā K
[2] śuddhaśravaiḥ] Fed. Med., śuddhaḥ śravaiḥ K, sukhaśravaiḥ Sed. (Tib. *mnyan dga’ ba’i*)
[3] samaś] K Fed. Med., śamaś Sed. (Tib. *zhi ba*)

4.29 그리고 한결같은 사랑을 주시는 어머니[와 같은]
모든 중생을 향한 자애가 그에게 일어납니다.
그런 후, 정각을 이룬 분의 법들이
남김없이 모두 그에게 생겨납니다.

4.30 진리를 향한 길이 [팔정도라는] 여덟 갈래를 통해 [빛나듯],
[보살의] 뛰어난 정진을 통하여 [덕이] 미천했던 중생의 본성도
[법을] 들음으로써 청정해지게 되므로,
[세 종류의] 실천을 통해 생겨난 이러한 덕[17]을 갖춘
[보살은] 더욱 눈부시게 빛납니다.

4.31-2 길을 향해 출발하고 적절히 머무는 일에
온전히 집중(入定)되어 있으며,[18]
탁월한 용맹과 의생신(意生身)을 갖춘 [보살]에게는
선(kuśala)을 수행하는 데에
말과 몸과 마음 세 측면에서 뛰어남이 있습니다.
그리고 보리심에 대한 확신으로 가지고
연민심을 통해 [자신과 타인을] 동일하게 여겨
중생에게 사섭법[19]을 행하면서도,
무아의 길을 수용하였기에
동시에 모든 법들에 얽매이지 않습니다.

saṃsārapaṅke yad akhinnatā[1] ca
traidhātukasyaiva ca nopalabdhiḥ |
*sarvasvadānaṃ na ca tena mānaḥ *6v6
samagraśikṣasya na śikṣayā ca || 4.33 || upajāti (bālā)

parāpakārair avikāri dhairyaṃ
cittasya cātyantam avikṣatir yā |
ārambhadārḍhyaṃ kuśalakriyāsu
prītir vivekaikarasā ca citte || 4.34 || upajāti (kīrti)

caturvidhadhyānasamāpanaṃ ca
cittasya nidhyaptir anātmataś ca |
atṛptatā ca śrutavistareṇa
nyāmapraveśas[2] tadavekṣaṇāc ca || 4.35 || viparīkākhyānikī

yā deśanā caiva yathāśru*tānāṃ *6v7
jñānaṃ ca dharmānabhilāpyatāyām |
pañcasv abhijñāsu ca yat prabhutvam
abhyāsamātrā ca taduttarāyām || 4.36 || indravajrā

yad ṛddhipādeṣv abhinirhṛtatvam
paṭvī na cāyāsamayī kriyā ca |
samyakprahāṇeṣu ca yaḥ prayogaḥ
śubhāśubhād eva ca yā vimuktiḥ || 4.37 || upajāti (ādrā)

---

[1] akhinnatā] Fed. Med. Sed. (Tib. skyo med)., akṣinnatā K

[2] nyāmapraveśas] K, nyāyapraveśas Fed. Med. Sed. (Tib. *rigs par 'jug*)

4.33 윤회란 진흙탕 속에서 지치지 않으며,
삼계(三界)에 대한 어떤 취착도 없으며,
자신의 모든 것을 보시하여도,
그로 인해 교만한 마음이 없으며,
모든 계학을 익혔어도,
계학으로 인한 [자만심도 없습니다.]

4.34 마음에 전혀 손상이 없는 것은
남의 공격에도 흔들리지 않는 견고함이 있어서이며,
마음의 기쁨이 한결같이 공적(空寂)한 맛을 품은 것은
선행에 착수하는 견고함이 있어서입니다.

4.35 [그의 정진은] 네 종류의 선정[20]을 완성하고,
무아의 측면에서 마음을 관찰(內省)[21]하며,
많이 듣는 것에만 만족하지 않고
[들은 것을] 점검하기 때문에
허물에서 벗어났음을 보여줍니다.[22]

4.36 경청한 그대로의 가르침과
법이 언설(言說)로 표현될 수 없음에 근거한 깨달음,
그리고 다섯 가지 신통(神通)의 능력,
그리고 그 (신통) 다음의 마지막 단계에서는
오직 반복적인 수행만이 있을 뿐입니다.[23]

4.37 [그의 정진이란] [네 가지] 신족(神足)에 대한 성취이며,
예리하나 애씀이 없는 [자연스런] 행동이며,
[네 가지] 정단(正斷)[24]에 관한 노력이며,
청정과 부정함[이라는 이원성]으로부터의 완전한 해방입니다.

yat kauśalaṃ cendriyanirṇayeṣu
nirindriyān paśyati yac ca dharmān |
mārgasya sambhāra*vimārgaṇaṃ ca *7r1
na cāsya kiṃcid gamanaṃ kutaścit || 4.38 || ākhyānikī

ity evam ādyaṃ pṛthucitravīryaṃ
prasthānaviṣṭhānaviśeṣacitraṃ |
asyākṣayatvapratipūraṇārthaṃ
prasthānakarmaiva viśeṣahetuḥ || 4.39 || indravajrā

nimittakarmaṣv api na pravartate
vitiṣṭhate jñānamaye ca karmaṇi |
kṛpāguṇād yan na jahāti saṃskṛtaṃ
na coruvīryo 'pi pataty asaṃkṛte || 4.40 || vaṃśastha

apūrvadharmaśrutir alparogatā
durāsadatvaṃ śrutadharmadhāraṇaṃ |
*amānuṣebhyo 'pi parigrahodayaḥ *7r2
samādhigotrapratilambha eva ca || 4.41 || vaṃśastha

vrajanty avandhyā yad aharniśaṃ kriyā
guṇair na hāniṃ yad upaiti mauśalīm |
vivṛddha evotpalavac ca yad guṇair
manuṣyadharmmād adhikaprayojanaiḥ || 4.42 || vaṃśastha

4.38 오근을 [바르게 사용하는] 결정에 능숙하면서도
[동시에] 오근을 떠나 있는 [모든] 현상(dharma)을 관찰하며,
[불]도를 향해 갈 필요한 자량을 점검하는 것,
이 중 어떤 것도 어딘가로부터 오는 바가 아닙니다.

4.39 이와 상술한 바와 같이,
방대하고 다채로운 [보살의] 정진은
나아가고 머무는 바[25]가 탁월해 놀라움을 자아냅니다.
이러한 [정진]이 사라지지 않는 상태를 완성하기 위해서는
다름 아닌 나아가는 행위가 탁월한 원인이 됩니다.

4.40 광대한 정진을 행하는 [보살]께서는
특별한 징후(nimitta)가 있는 일에는 착수하지 않지만,
지혜(jñāna)로 이루어진 행위에는 관여합니다.
자비라는 덕으로 인해 조건지어진 [윤회]를 버리지 않으면서도,
조건지어지지 않은 [열반]에 들어가지 않습니다.

4.41 전에 없던 법을 듣는 것은 병이 나아지는 것과 같으나,[26]
들은 법을 수지하기란 이루기 매우 어려운 일이기도 합니다.
[그럼에도 이를 이룬다면,]
인간이 아닌 존재들로부터도 존경을 받는 일이 생겨나며,
삼매(三昧)의 종성(種姓)을 얻게 됩니다.

4.42 결실 있는 행위를 불철주야 행하며
잘 만들어진 절구공이가 깨지지 않으며,
마치 청련(靑蓮)이 고결(guṇa)로써 자라나는 것처럼
인간의 법을 초월하는 덕(guṇa)으로써 자라나는 것과 같을지이니,

yaśo viśālaṃ ca sukhaṃ sukhodayaṃ
vinītakārpaṇyamanastvam uttamaṃ |
guṇāś ca teṣām iha dṛṣṭadhārmikā
bhavanti vīryād iti ko ’tra vismayaḥ || 4.43 || vaṃśastha

trailokyapū*jyam amitoruguṇaṃ *7r3
saṃbuddhabhāvam api yānti yadā |
vīryavyapāśrayadṛḍhāḥ puruṣā
na syād ataḥ ka iva vīryaparaḥ || 4.44 || jihmāśayā

|| vīryapāramitāsamāsaḥ || 4 ||

4.43 드높은 명예와 행복에서 생겨난 또 다른 행복,
궁핍을 물리친 뛰어난 마음의 경지,
이러한 현생의 덕은 정진에서 생겨난 것입니다.
그러니 여기에 놀랄 만한 일이 뭐가 있겠습니까.

4.44 정진에 의지해 견고해진 사람들은,
무한하고 광대한 덕을 지녀
삼계(三界)가 칭송할 만한 정각의 상태에 또한 이르게 되나니,
어느 누가 정진을 으뜸으로 삼지 않을 수 있겠는가?

정진바라밀다 [가르침의] 요약[을 마칩니다].

【 주 】

1 4.1c *kāryārṇavapārageṇa*] 이 단어는 vīryeṇa를 수식하는 복합어로서, 여기에서 kārya라는 결과는 이 게송의 앞 구절에서 등장하는 kṣāntibala(인욕의 힘)로부터 생긴 결과로 파악했다. 인욕의 힘에서 생긴 결과는 강의 물살(arṇava)에 비유되는데, 일렁이는 물결의 파동은 점점 크게 넓어져 결국 물결이 일어난 둑의 반대편에까지 가서 닿게 된다. 이것이 바로 pāraga(강의 다른 반대편에 가 닿음)가 지시하는데, 다시 말해 이는 '완성된, 성취된'이라는 의미로 동일하게 쓰인다. 즉, 정진(vīrya)이 인욕(kṣānti)의 완성으로부터 일어남을 요약하고 있는 이 게송은 정진바라밀다 장의 시작이 된다.

2 4.2d *parākrameṇa*] 정진이라고 번역되는 산스크리트 vīrya는 영웅이라는 뜻의 vīra에서 파생된 단어로, '영웅의 상태, 영웅적인 힘' 등으로 풀이될 수 있다. 그런 의미에서 아리야슈라는 vīrya의 동의어로서 게송에서는 parākrama라는 단어를 사용한다.

3 4.3] Meadows는 하위(hīna)의 그룹은 열반만을 피하는 성문승과 독각승을 함축하는 것으로 주석한다. 이 게송은 샨티데바(Śāntideva)의 『입보리행론(*Bodhicaryāvatāra*)』에서 정진바라밀다를 방해하는 세 가지 요인을 꼽는 구절을 상기시킨다. (kiṃ vīryaṃ kuśalotsāhas tadvipakṣaḥ ka ucyate | ālasyaṃ kutsitāsaktir viṣādātmāvamanyanā || 7.2 || '선근의 힘인 정진이란 무엇이며, 그를 방해하는 것은 무엇인가라고 한다면, [그것은] 게으름과 하찮은 것에 집착하는 것, 그리고 의기소침하여 스스로를 비하하는 것이다.)

4 4.4-7] 정진의 완성(vīryapāramitā)은 우울, 의기소침과 낙담과 같은 상태를 떨쳐버리고 보리심을 일으켜 궁극적인 목표인 깨달음을 위한 공덕(puṇya)과 지혜(jñāna)를 갖추는 것(saṃbhāra)이라는 점을 보살의 서원을 담은 게송을 통해서 표현하고 있다.

5 4.8] 보살의 첫 번째 행위인 서원은 중생의 깨달음을 위해 윤회의 고통을 두려워하지 않고 중생의 깨달음을 위해 자비와 확고함으로 무장하는 것이다. 중성명사로 쓰이는 samādāna라는 용어는 특히 불교 문헌에서 어떤 이로운 다짐을 실천에 옮기는 것을 의미한다. 정진바라밀다의 장은 본격적으로 보살의 구체적인 행동방식에 대해 이야기하기 때문에 이 용례가 나오는 것으로 이해했다.

6 4.10] 발을 올리는(utkṣepa) 행위처럼 중생을 건져 올리고, 발은 내딛는(nikṣepa) 행위처럼 중생을 해탈에 나아가게 해야 한다고, 보살은 윤회의 고통 속을 걸어 나가면서도 그와 같이 생각한다.

7 4.11] 8번째 게송에서 자비와 확고함의 갑옷을 입는 것이 정진행을 행하는 보살의 첫 번째 실천(samādāna)임이 설해졌고, 이 게송에서는 공덕을 쌓는 이타행인 영웅적 행보(parākrama)를 두 번째 실천(samādāna)으로서 설명한다.

8 4.12] 세 번째 samādāna라는 명시적 표현은 없지만, 회향을 다음 순서로서 설명하고 있다. 정리하자면, 자비로 이뤄진 중생 구제라는 확고함으로 무장 ⇒ 공덕을 가져오는 이타행 ⇒ 정각을 위한 공덕의 회향의 순서로 이해할 수 있다.

9 4.13] 게송은 정진이 자비에 기반한 이타행이며, 이는 자연스럽게 공덕을 생겨나게 하고, 그렇게 생겨난 공덕은 모든 중생의 정각을 위해 회향되게 되므로, 결국 그 공덕은 절

대 사라지지 않는 상태에 이르게 된다는 점을 말한다.

10 4.16] 중생의 수가 아무리 많고 그들 모두를 구제하는 것이 불가능하다는 것을 알더라도 정진바라밀다를 완성한 보살은 절대 포기하거나 낙담하는 일이 없다. 게송은 낙담하지 말고 묵묵하게 한걸음 한걸음을 걸으면서 현생에서 정진을 닦아 나간다면 분명 본연의 목적을 달성하는 것은 멀리 있는 것이 아니라 말한다.

11 4.17c *nivṛttim*] 티베트역은 Saito의 편집본의 교정인 nirvṛttiṃ을 지지하지만, nivṛtti가 '중생의 공덕은 붓다의 것에 미치지 못한다'는 문맥에 더 부합하므로, 사본의 리딩을 따라 번역했다.

12 4.21] 『보살지(*Bodhisattvabhūmi*)』에서 서술되는 공덕의 축적에 관한 동일한 내용을 참고해 볼 수 있다.

13 4.23] 성문승과 벽지불의 단계를 능가하게 되는 보살에 대한 설명 중 일곱 번째인 원행지(遠行地, dūraṃgamā)의 내용에서 찾아 볼 수 있는데(Cf. 『십지경(*Daśabhūmikasūtra*)』 중(Cf. Rahder ed. p.62) saṃvartate ca buddhajñānena vivartate ca śrāvaka-pratyekabuddhabhūmibhyām), 이 단계에 있는 보살에게는 자비를 선행하여 일어나 모든 중생에 대한 인욕이라는 인욕바라밀다가 있다고 설명된다(Cf. ibid. p.57: yā kṛpāmaitrīpūrvaṃgamā sarvasattveṣu kṣāntir iyam asya kṣāntipāramitā).

14 4.24] 정진바라밀다의 단계를 십지 중 여덟 번째인 부동지(不動地)에 머무는 보살에 비유한다.

15 4.25] 여기서 묘사하는 경지는 다음 생에 정각을 얻을 것이 예정된 일생보처보살(一生補處菩薩, ekajātipratibaddhabodhisattva)의 단계이다.

16 4.28b *nistarituṃ*] nistarituṃ의 어근인 nis√tṝ에는 '건너다'와 '채우다'라는 의미를 모두 포함하므로, 동일한 동사지만 문맥에 맞게 한국어로는 다르게 해석하였다.

17 4.30a *samādānaguṇaiḥ*] 아리야슈라는 앞선 게송들(4장 8-12송)을 통해서 세 가지 종류의 실천(samādāna)에 대해서 언급했다.

18 4.31d *prasthānaviṣṭhānasamāhitasya*] 신구의(身口意)의 뛰어남을 지니는 주체로서 문장 속에서 속격으로 표현된 보살을 수식하는 표현으로, 수행도를 향한 출발(prasthāna)과 그러한 수행도에 확고하게 머무는(viṣṭhāna) 과정에만 오롯이 집중되어(samāhita) 있는 보살의 모습을 그리고 있다. 어떤 것을 향하여(pra-) 나아가는 것(sthāna)은 출발이자, 실천 자체를 의미한다고 이해할 수 있다. 이에 대해 Meadows는 『현관장엄론』을 예로 들어, prasthāna가 깨달음을 위한 서원과 관련되어져서 그려진다고 언급하며, viṣṭhāna에 대해서는 이 문헌 외에서 여타의 용례를 발견하지 못했다고 보고한다(Cf. Meadows 1986:303 fn.31.1). 역자도 viṣṭhāna가 이와 비슷한 문맥에서 다뤄지는 문헌을 찾지 못했는데, 여기에서는 prasthāna에 대응하는 단어로서, 어근 vi√sthā의 의미에 따라 이동한 장소에서 견고하게 머무른다는 뜻으로 이해했다. 추가적으로 Meadows의 논의와 유사하게 prasthāna라는 용어가 서원과 관련되어 설명되는 용례를 샨티데바(Śāntideva)의 『입보리행론(*Bodhicaryāvatāra*)』 1.15에서 찾을 수 있다. 여기서 두 가지 종류의 보리심(bodhicitta)이란 깨달음을 향해 서원을 일으키는 마음(bodhipraṇidhicitta)와 깨달음을 향해 출발/실천하는 마음(bodhiprasthāna-citta)을 말한다.

19 4.32c *caturvikalpo janasaṃgrahaḥ*] 여기서 말하는 중생을 이끄는 네 가지 방식이란 중생이 법에 가까이 할 수 있도록 보살이 사용하는 방편, 즉 사섭법(四攝法, catuḥsaṃgrahavastu)

을 지칭한다(Cf. Meadows 1986:19-20). 제일 먼저 베품(dāna 布施), 따뜻한 말(priya-vacana 愛語), 그리고 유익한 행위(artha-kriyā 利行), 마지막으로, 함께 도모함(samānārtha 同事)이다. 이 네 가지는 6장의 21-22송에서 언급된다.

20 4.35] 네 가지 종류의 선정에 대한 아리야슈라의 설명은 5장의 30-34게송에서 언급된다.

21 4.35b *nidhyapti*] 마음의 관찰, 즉 내성(內省)의 세 가지 종류와 관련해서는 *Dharmadhātustava* 26(anityaduḥkhaśūnyeti cittanidhyaptayas trayaḥ | paramā cittanidhyaptir dharmāṇāṃ niḥsvabhāvatā ||)를 참조해 볼 수 있다(Cf. Meadows 1986:304 fn.35.2).

22 4.35d *nyāmapraveśaḥ*] 사본은 이 부분을 nyāma-pradeśaḥ라고 읽으며, 기존의 편집본들은 티베트역인 rigs par 'jug을 따라 nyāya-praveśaḥ라고 교정하고 있다. 하지만, 반야경류의 문헌에서 보살이 nyāma를 얻게 되는 문맥을 참조할 때, nyāma-라는 단어가 문맥에 적합하다고 판단하여, 사본 리딩을 바탕으로 일부 수정하며 nyāmapraveśaḥ라고 교정했다. Cf.『현관장엄론(*Abhisamayālaṅkāra*)』의 주석 *Vṛtti*(Cf. Lee 2017:114) 중 kaḥ punar bodhisattvasya nyāma ity āha "nādhyātmaśūnyatayā bahirdhāśūnyatāṃ paśyatīty ārabhya sarvaśūnyatābhiḥ pratyekaṃ tāsām evetaretaradarśanapratiṣedhanyāmatvena" (또한 보살의 nyāma(正性決定, 離生)란 무엇인가? '내 공성으로서 외공을 관찰하지 않는다는 데에서' 시작하여(『이만오천송반야경』 인용) '모든 공성에 의해서 바로 그[공성]들의 각각을 상호적 관찰을 통해 대치하여 "허물을 떠난 상태"에 의해서' 에서까지[라고 설해진다.]).

23 4.36] 보살이 여섯 신통 중에 다섯 가지만을 달성하는 이유는 마지막 여섯 번째 신통을 취하게 되면 아라한과를 얻어 더 이상 윤회하지 않게 되기 때문이다. 중생 구제를 가장 주요한 목표로 삼는 보살은 다른 이들을 전부 깨닫게 하기 전까지 자신의 완전한 해탈에 들어가지 않는다.

24 4.37] 사정단(四正斷)이란 네 가지 올바른 노력이란 뜻으로, 이미 생겨난 악/불선을 끊임없이 제거하기 위한 노력, 아직 생겨나지 않은 악/불선을 생겨나지 않도록 하는 노력, 아직 일어나지 않은 선을 일어나도록 하는 바른 노력, 그리고 이미 일어난 선은 더욱 자라나도록 애쓰는 노력의 네 가지를 뜻한다.

25 4.39b *prasthānaviṣṭhāna-*] 이 두 가지 용어의 번역과 이해에 대해서는 앞의 게송 4.31의 미주를 참조.

26 4.41a *alparogatā*] 직역하면, 열(= 병)이 적은 상태라는 뜻이지만, 전에 알지 못한 법을 배우게 되는 것을 비유하는 표현이므로, '병이 점점 줄어드는 상태'를 강조하는 문맥으로 의역하였다.

제5장

선정바라밀다 가르침의 요약

Dhyānapāramitā-samāsa

atha dhyānavidhau[1] yogaṃ
kuryāt jñānavivṛddhaye |
sukhaṃ hi kartuṃ lokānāṃ
jñānālokād anugrahaṃ || 5.1 || śloka

prasīdaty[2] adhikaṃ jñānaṃ
dhyānān manasi nirmale |
śaradutsārita*ghane *7r4
nabhasīvendumaṇḍalam || 5.2 || śloka

viśuddhaśīlaḥ kalyāṇaiḥ
sahāyaiḥ sahitair hitaiḥ |
alpakṛtyaḥ praśāntātmā
smṛtyadhiṣṭhānaveṣṭitaḥ || 5.3 || śloka

nivasan vṛkṣamūleṣu
śādvalāstīrṇṇabhūmiṣu |
anupaskṛtaramyeṣu
vanapuṣpasugandhiṣu || 5.4 || śloka

---

[1] dhyānavidhau] Fed. Sed. (Tib. *bsam gtan tshul la*), dhyānanidhau K Med.
[2] prasīdaty] K^{pc}, prasīdamty K^{ac}

5.1 이제, [수행자는] 지혜를 증장하기 위해
선정 수행을 해야 합니다.[1]
실로 [그 선정의] 즐거움이란
지혜의 광명으로
세상에 이익을 베풀기 위함입니다.

5.2 마치 구름이 모두 걷힌 [맑은] 가을 하늘에서
달이 [더욱 선명하게 비치듯이],
선정을 통해 티없이 [맑아진] 마음에서
지혜도 더욱 선명하게 비칩니다.[2]

5.3 계가 청정해진 자는
뛰어나며 유익한 동반자인 법우들과 함께하기에,
행해야 할 바가 적으며,
마음이 고요해지고,
정념(正念 smṛti)을 확립해 머물게 됩니다.

5.4 다듬지 않아도 [앉기] 적합하며,
숲속 야생화들의 향기로 가득한,
푸릇푸릇한 풀들이 덮여 있는 곳의
나무 밑둥에 앉으면,

dhyānasācivyadhīreṣu

saṃtuṣṭajanaveśmasu |

jananirghoṣamūkatvād

gambhīrāvasthiteṣv iva || 5.5 || śloka

*pratyaraṇyaniviṣṭeṣu *7r5

śūnyeṣv āyataneṣu[1] vā |

kuñjeṣu ca mahīdhrāṇāṃ

siṃhanādānunādiṣu || 5.6 || śloka

yatra kvacana vā deśe

saṃsargakleśavarjite |

paryaṅkeṇa sukhāsīnaḥ[2]

śarīram ṛju dhārayan[3] || 5.7 || śloka

upasthāpya smṛtimayīṃ

rakṣām abhimukhīṃ hṛdi |

kṛpayā kuvitarkāṇāṃ[4]

kṛtvevākṣaṇaghoṣaṇām || 5.8 || śloka

---

[1] āyataneṣu] K^{pc}, āyaḥtaneṣu K^{ac}

[2] sukhāsīnaḥ] K^{pc}, sukhāśīnaḥ K^{ac}

[3] dhārayan] K^{pc}, dhorayan K^{ac}

[4] kṛpayā kuvitarkāṇāṃ] Fed. Med.; kṛpayākuvitarkāṇāṃ Sed.

5.5 [그가 앉은 나무 밑둥은]
[숲속] 깊숙이 위치해 사람들의 소리가 와 닿지 않아,
마치 만족한 이들이 머무는 궁전의 내실과도 같이
선정에 도움이 되도록 고요하고,

5.6 혹은 숲 주변에 있는 공터나
[동굴 밖] 사자의 포효 소리가
울려 퍼질 [정도로]
깊은 산속 동굴에 [앉아,]

5.7 혹은 어느 장소가 되었건
[사람들과] 섞여서 생기는 번뇌가 없는 곳에서
가부좌를 틀어 편안하게 앉아,
몸을 곧게 유지한 채,

5.8 [번뇌의 침입을 막기 위해]
정념(正念)으로 된 방패를 마음에 정면으로 세우고,
연민심을 일으켜, 사유가 바르지 못한 이들에게
적절한 때가 아님을[3] 크게 알리듯이
[다음과 같이 생각합니다.]

prajñāparicayasyāyaṃ
*kālo me na tu nivṛteḥ | *7r6
na hi sattvān anirvāpya
svayaṃ nirvātum utsahe || 5.9 || śloka

iti lokahitāvekṣī
buddhabhāvagataspṛhaḥ |
kuryāt sātatyayogena
dhyānārambhasamudyamam || 5.10 || śloka

na hi viśramya viśramya
mathnann agnim avāpnuyāt |
sa eva yogo yoge 'pi
viśeṣādhigamād[1] ṛte || 5.11 || śloka

ekatraiva ca badhnīyād
dṛḍham ālambane manaḥ |
anyānyālambanagrāhaḥ
kli*śnāty evākulaṃ manaḥ || 5.12 || *7r7 śloka

---

[1] viśeṣādhigamād] Fed. Med. Sed., viśeṣādhrigamād K

5.9 "나에게 이 시간은 반야를 쌓기 위한 때이지
열반을 위한 때가 아니다.
왜냐하면 중생들을 열반시키지 않고선
스스로 열반하지 않을 것이기 때문이다!"

5.10 이처럼 세간의 이익을 염두에 두고,
깨달은 경지에 이르길 염원하는 이는
언제나 끊임없이 선정에 들고자
최선의 노력을 행해야 합니다.

5.11 [하다] 멈추고 또 [하다] 멈추면서
[부싯돌을] 치는 자는 실로
불을 절대 얻을 수 없기에.
특별한 성취가 [즉각적으로] 없는
방식(yoga)이라 해도 [부단히 행하는 것]
그것이 바로 수행(yoga)이기 때문입니다.

5.12 그리고 바로 하나의 [집중] 대상에
마음을 단단히 붙들어 매야만 합니다.
이러저러한 [여러] 대상들을 붙잡는 건
마음을 혼란하게 하여 괴롭힐 뿐입니다.

vidarśanād vīryabalāl
līyamānaṃ samuddharet |
uddhanyamānaṃ ca manaḥ
praśamena nivārayet || 5.13 || śloka

samyaggatam upekṣeta[1]
samādhibalaniścalam |
tatrāpi cātanmayaḥ[2] syāt
sugatajñātalabdhaye || 5.14 || śloka

na ca dhyānasukhāsvāda-
pāratantryam[3] anukramet |
na hi svasukhamātrārtham
ayam ārambhavistaraḥ || 5.15 || śloka

śarīrajīvitāpe*kṣā- *7v1
dainyopahatamānasaḥ[4] |
na kuryād vīryaśaithilyam
apy ādīpte svamūrdhani || 5.16 || śloka

---

[1] upekṣeta] Sed., upekṣita K, upekṣitaṃ Fed. Med.

[2] cātanmayaḥ] K Sed., ca tanmayaḥ Fed., vā tanmayaḥ Med.

[3] -svādapāratantryam] K, -svādaḥ pāratantrayam Fed. Med. Sed. (*em.*)

[4] -pekṣādainyo-] K Sed., -pekṣī dainyo- Fed. Med.

5.13 [마음이] 침잠할 때에는
정진의 힘에서 [나오는] 세밀한 관찰(觀)로써
[마음을] 일으켜야만 합니다.
그리고 마음이 들떠 있을 때에는 그침(止)으로써
[마음을] 붙들어 매야만 합니다.[4]

5.14 삼매의 힘을 통해 움직임이 없어진 [마음을]
온전히 바른 방식으로 [있는 그대로] 살핍니다.
그때에도 선서(善逝)가 설하신 [상태]를
성취하기 위해서는
그 상태에만 머물러 있어서도 안 됩니다.

5.15 그리고 선정의 즐거움을 맛보는 데에
의존해서 나아가서는 안 됩니다.
왜냐하면 오직 자신의 즐거움만을 위한다면
이 [선정바라밀다]에 착수한 것이 아니기 때문입니다.

5.16 몸과 수명과 관련해 [생기는] 고통으로부터
마음이 괴로워지기도 합니다.
[그러나] 심지어 자신의 머리에 불이 붙었다 할지라도
[수행]정진을 느슨히 해서는 안 됩니다.

lakṣayitvā nimittāni
manastaḥ svasamādhaye[1] |
bhraśyamānaṃ prayuñjīta
smṛtyāvahitayā punaḥ || 5.17 || śloka

mano nivaraṇebhyaś ca
vipakṣair vinivartayet |
svecchāprayātaṃ dviradam
aṅkuśākarṣaṇair iva[2] || 5.18 || śloka

atha nīvaraṇavyādhi-
nāśaprasvasthamānasaḥ |
dāridryād iva nirmukto
mahato vyasanād iva || 5.19 || śloka

prītiyuktena *manasā *7v2
kāmadoṣān vicārayet |
tadviyogopalabhyāṃ ca
parāṃ sukhaparamparām || 5.20 || śloka

---

[1] manastaḥ svasamādhaye] K^{pc}; manasta svasamādhaye K^{ac}, manas tv asamādhaye Fed., manas tasya samādhaye Med., manas tu svasamādhaye Sed.

[2] iva] Fed. Med. Sed., ivā K

5.17 자신의 삼매를 위해서는,
마음으로부터 [생겨난] 관념상(相)들을
확실히 표적으로 삼되,
[대상을 인식하는 마음이] 느슨해진다면
정념에 집중함으로써 다시 붙잡아야만 합니다.

5.18 마치 [조련용] 갈고리를 당겨
코끼리를 원하는 방향으로 [가게 하는 것처럼]
[다섯 가지] 덮개(蓋) [각각의] 대치법(對治法)을 써서
마음을 [원하는 방향으로 나아가도록] 잘 다스려야만 합니다.[5]

5.19 이제 [마음의] 덮개라는 질병이 제거되어
마음이 건강해진 그는
마치 가난에서 벗어난 것과 같고,
거대한 재난에서 완전히 벗어난 것과 같습니다.

5.20 희열(喜)을 동반한 마음으로써
[다섯 가지] 감각적 욕망의 대상이라는
허물에 대해 숙고해야 합니다. (초정려)
그런 후 [그러한 오욕의 허물]로부터 벗어난다면
즐거움(樂)이 연이어 [일어납니다].

vidyududyotacapalāḥ
phenāṃśukanibhātmakāḥ |
svapnavat pelavāsvādā
vañcanārtham iveditāḥ || 5.21 || śloka

pitṝṇām api putreṣu
putrāṇāṃ ca pitṛṣv api |
prītisarvasvabhūteṣu
suhṛdtsu suhṛdām api || 5.22 || śloka

guṇapracayabaddhasya
vyūḍheṣu samareṣv api |
darśitasthairyasārasya
snehase*tor vidāriṇaḥ || 5.23 || *7v3 śloka

iha paryeṣṭiduḥkhasya
paratra narakasya ca |
hetubhūtā yataḥ kāmāḥ
kāmayeta na tān ataḥ || 5.24 || śloka

yadāśrayo vitarko 'pi
prajñācakṣurnimīlanaḥ |
ātmano 'pi parasyāpi
vighātāya pravartate || 5.25 || śloka

5.21 번개의 섬광처럼 번뜩이는 [감각적 욕망의 대상은]
물거품과 같이 나타나며,
맛보는 순간에만 [생겼다 사라지니]
마치 꿈처럼 현혹시키듯이 일어납니다.[6]

5.22-3 아들을 향한 아버지의 [애정],
또한 아버지를 향한 아들의 [애정],
모든 기쁨을 자신의 것처럼 나눌 수 있는
친구를 향한 친구의 [애정],
심지어 전장의 적을 향한 덕을 갖춘 이의 [애정],
이 매우 견고해 보이는 [이들] 애정의 다리도
[감각적 욕망의 대상들은]
[이들 전부를] 끊어 버릴 수 있습니다.[7]

5.24 감각적 욕망의 대상이란
현생에서는 고통을 쫓게 되는 원인이며,
내생에서는 지옥으로 떨어지는 원인이기에,
이러한 이유로 이를 절대 탐닉하려 해서는 안 됩니다.

5.25 더하여 그 [욕망의 대상을] 의지처로 삼아
사유를 하는 경우에
지혜의 눈을 뜨지 못한 채로 [행한다면]
[그 고찰은] 자신은 물론 남까지도 해치게 됩니다.

ātmakāmair api ca ye
sarvathāpi vivarjitāḥ |
parārthakāmas tān kāmān
tyaktvā katham anusmaret || 5.26 || śloka

tṛpti*r eṣāṃ na saṃprāptyā *7v4
nāhany ahani sevayā |
naiva sannicayeṇāpi
ko 'nyo vyādhir ataḥ paraḥ || 5.27 || śloka

yadāsvādahato naiva
svārtham apy avabudhyate |
unmattapānapratimān[1]
kas tān sahṛdayaḥ smaret || 5.28 || śloka

ity evaṃ sarvato duṣṭān
kāmāṃs tasyānupaśyataḥ |
tataḥ saṃkucitaṃ cittaṃ
naiṣkramye 'bhiprasīdati || 5.29 || śloka

vive*kajaṃ prītisukhaṃ *7v5
tataḥ praśrabdhilabdhijam |
prāpnoti cittasyaikāgryaṃ
prathamadhyānasaṃjñitaṃ || 5.30 || śloka

---

[1] unmattapāna-] Fed. Sed. Med. (*em.*), unmattayāna- K

5.26 허나, 타인의 이익을 위하고자 하는 이가
자신의 이익과 완전히 동떨어져,
감각적 욕망의 대상을 제거한 채로
어찌 [그러한 욕망의 대상을] 억념할 수 있겠습니까?[8]

5.27 이 [욕망의 대상]들을 얻었다고 할지라도
매일매일 섬긴다고 할지라도,
쌓아서 모아 둔다 할지라도,
만족이란 절대 [생겨나지] 않습니다.
이보다 더한 병이 뭐가 있겠습니까.

5.28 [욕망의 대상이 주는] 맛에 취하여
자신의 [본래] 목적을 전혀 알아차리지 못한다면,
그 어떤 현명한 이라도
[자신을] 완전하게 취하게 만든 술과도 같은
그 [욕망의 대상들을] 억념하고자 하겠습니까.

5.29 이와 같이 모든 측면에서
해로운 욕망의 대상들을 찬찬히 살피면,
그로부터 [감각적 욕망의 대상을] 꺼리는 그의 마음은
출리(出離)에 대해 확신을 갖게 됩니다.

5.30 [욕망의 대상]에서 벗어나면서
[생겨난] 희열과 즐거움이 있고,
그로부터 경안(輕安)을 얻어 일어나는
첫 번째 선정인 심일경성(心一境性)을 얻게 됩니다.[9]

sa vitarkavicārāṇām
kāmānām iva duṣṭatāṃ |
paśyaṃs tatpraśamānveṣī
samādhiprītajaṃ[1] sukhaṃ || 5.31 || śloka

adhyātmasaṃprasādāc ca
cittaikāgratayā ca tat |
dvitīyaṃ dhyānam ity āhur
advitīyā maharṣayaḥ || 5.32 || śloka

utplavaṃ mana*so dṛṣṭvā *7v6
prīter atha virajya saḥ |
tṛtīyaṃ dhyānam āpnoti
smṛtyupekṣāsamanvitam || 5.33 || śloka

sukhābhogam[2] api tyaktvā
sukhaduḥkhanirākṛtam |
viśuddhaṃ smṛtyupekṣābhyāṃ
caturthaṃ dhyānam asnute || 5.34 || śloka

abhijñā labhate pañca
sa ca tatrānugāminīḥ |
rājyastha[3] iva dharmātmā
hrīkīrtiśrīmatidyutīḥ || 5.35 || śloka

---

[1] -prītajaṃ] K, -prītijaṃ Fed. Med. Sed. (*em.*)
[2] sukhābhogam] K Sed., sukhabhogam Fed. Sed.
[3] rājyastha] Fed. Med. Sed. (Cf. Tib. *rgyal srid gnas pa*), rājastha K

5.31 심(尋 vitarka)-사(伺 vicāra)가 욕망의 대상들처럼
해악이 될 수 있음을 아는 그는
그 [심구와 사찰을] 잠재우고자 노력하게 되고,
삼매에서 만족된 [상태에서] 생겨나는
기쁨(樂)을 [얻게 됩니다].[10]

5.32 "그리하여 심일경성으로써
내적인 평온이 생겨나면서
두 번째 선정이 있다"고
비할 데 없는 위대한 현자들은 말씀하십니다.[11]

5.33 마음의 도약(跳躍)을 본 후,
희열(喜悅)에서 벗어나게 되면,
념(念)과 사(捨)를 갖춘
세 번째 선정에 이르게 됩니다.[12]

5.34 즐거움의 향유도 버리고 나서,
고락에서도 완전히 벗어나
념(念)과 사(捨)를 통해
완전히 청정한 네 번째 정려를 얻습니다.[13]

5.35 그러면 그는 그에 뒤따르는
다섯 가지 신통력을 얻습니다.
마치 왕국을 다스리는 정의로운 왕이
겸손, 명성, 영광, 지성, 광채[를 얻는 것과 같습니다].[14]

pratyekajinalabdhāś ca
śrāvakīyā vyatītya ca |
tā bhava*nty adhikā dūraṃ *7v7
parārthasamudāgamāt || 5.36 || śloka

sa hi matsariṇas tyāge
śīle tadvikalān api |
kopanān kṣāntisauratye
kusīdān vīryasaṃpadi || 5.37 || śloka

vikṣiptacetaso dhyāne
prajñāyāṃ tannirākṛtān |
niyojayati kāruṇyād
aśrāntācārivikramaḥ || 5.38 || śloka

ato 'cyutābhir dīptābhir
bhābhir lokāvabhāsanaṃ |
marīcibhir ivādityaḥ
ku*rute 'nantagocaram || 5.39 || *8r1
śloka

5.36 이 [다섯 가지 신통력들]은
홀로 승리자가 된 이(= 독각)나 성문의 [신통력을] 넘어서,
이타를 이루기 때문에
훨씬 더 뛰어난 것들입니다.

5.37-8 실로 [보살]은 연민심을 바탕으로
절대 지치지 않는 행위를 하기에
인색한 이가 베풀 수 있도록,
[계를] 지키지 않는 이가 계를 지키도록,
화내는 이가 인욕을 통해 관대해지도록,
게으른 이가 정진에 이르도록,
마음이 산란한 이가 정려에 이르도록,
[지혜]를 갖추지 못한 이들이
지혜에 이르도록 [이들을] 고무시킵니다.[15]

5.39 마치 강렬한 빛으로 태양이
무한한 영역을 [밝히듯],
이리하여 그는 결코 사그라지지 않고
타오르는 빛[과 같은 신통력]으로
[모든] 세상을 밝힙니다.

atha pāpakṛtaḥ sattvān
patato narakādiṣu |
kṣīṇapuṇyāyuṣaś caiva
devāñ chāśvatamāninaḥ || 5.40 || śloka

tais tair duḥkhaviśeṣaiś ca
lokaṃ kāraṇayāhatam[1] |
tatra divyaprabhāveṇa
cakṣuṣā sa vilokayan || 5.41 || śloka

tīvram āyāti kāruṇyaṃ
kāruṇyān na pramādyati |
parārtheṣv apramattaś ca
yāty acintyaprabhāvatām || 5.42 || śloka

athānyalokadhātusthān
sa paśyati[2] tathāgatān |
buddhakṣetraguṇavyūhān
*saṃghasyaiva ca saṃpadaḥ || 5.43 || *8r2 śloka

bodhisattvarṣabhāṇāṃ ca
viśuddhācāragocaraṃ |
sarvalokahitodarka-[3]
śrīmaccaritam īkṣate || 5.44 || śloka

---

[1] kāraṇayāhatam] Fed. Med. Sed., kāraṇāyāhataṃ K (unmetric)

[2] sa paśyati] K Sed., saṃpaśyati Fed. Med.

[3] sarvalokahitodarka-] Sed. (= sarvvalokahitodarka- K); sarvalokahitodarkaṃ Fed. Med.

5.40-1 이제 그는 성스러운 능력을 지닌 눈으로,
악을 행한 중생들이 지옥 등에 떨어지고 있는 것과
[자신을] 영원하다고 믿고 있는 신들의
공덕과 목숨이 줄어 들고 있는 것과
각종 다양한 고통으로 인하여
세상 사람들이 아픔을 겪고 있음을 두루 살피면서,

5.42 매우 강력한 연민심을 지니게 되고,
연민심으로 말미암아 절대 방일(放逸)하지 않습니다.
그리고 타인을 위한 일에 결코 게으르지 않기에,
[보살은] 상상할 수 없는 놀라운 힘에 이르게 됩니다.

5.43 이제 [신통을 얻은] 그는
다른 세계에 머무시는 여래들과
불국토가 공덕으로 장엄된 것과
[그곳에] 승가(僧伽)까지도 잘 갖춰져 있음을 볼 수 있게 됩니다.

5.44 또한, 황소와 같이 [위대한] 보살들이
청정한 행위와 감관의 [청정한] 경계[16]를 지녀
차후에 모든 세상을 이롭게 하기 위해
고귀한 행위를 하고 계신 것을 목격하게 됩니다.[17]

tatra ca praṇidhis tasya
sukhenaiva samṛdhyati |
parārthapariṇāmāc ca
śīlasyaiva ca saṃpadaḥ || 5.45 || śloka

atimānuṣayā śrutyā
divyayātha viśuddhayā[1] |
śṛṇvann uccāvacā vāco
vidūre 'py avidūravat || 5.46 || śloka

kṛpādūracarair uktāḥ
pāruṣyavirasākṣarāḥ |
antardīptasya kopāgner
ni*ścarantīr ivārciṣaḥ || 5.47 || *8r3 śloka

apsarogītasacivān
bhūṣaṇasvanaśībharān |
divyatūryaninādāṃś ca
vināśaikarasān api || 5.48 || śloka

niṣevyamāṇān rāgāndhair
amitrān mitrarūpiṇaḥ |
vīkṣya vrajati kāruṇyaṃ
teṣāṃ vañcanayā tayā || 5.49[2] || śloka

---

[1] divyayātha viśuddhayā] K Sed., divyayārthaviśuddhayā Fed. Med.

[2] 5.49] K Fed. Med., *omit.* Tib. Sed.

5.45 그리고 [그러한 천안통을 얻었을] 때
그의 서원(誓願)은 수월하게 이뤄집니다.
더하여 타인의 이익을 위해 [자신의 공덕을] 회향하기에,
계율의 성취까지도 [함께 이뤄집니다].

5.46 인간의 영역을 넘어선 청정한 천이(天耳)로써[18]
멀리서 들려옴에도 불구하고
가까이에 있는 것처럼
높고 낮은 다양한 소리를 들을 수 있게 된 그는,

5.47 마치 내부에서 타오르는
분노의 등불에서 화염이 내뿜어지듯,
자비와는 동떨어진 이들이
내뱉는 가혹하며 불쾌한 말들[도 들을 수 있으며][19]

5.48 압사라의 노래가 곁들어진
장신구들의 영롱한 소리,
그리고 천상의 투리야 나팔 소리까지도
[아름다워도 종국에는 사라진다는]
'소멸'이라는 단 하나의 의미만을 남깁니다.[20]

5.49[21] 탐욕에 눈이 먼 이들이
친구인 양 가장한 적들을 섬기는 것을 보고,
그들이 속임수에 넘어간 것에
연민심을 느낍니다.

bhayād duḥkhaviśeṣāc ca
so 'vispaṣṭapadākṣaraiḥ |
nārakair ārtarasitair
hṛdīvābhihatas tataḥ || 5.50 || śloka

param ālambate vīryaṃ
ma*jjāgatamahākṛpaḥ | *8r4
tīkṣṇāgreṇa pratodena
sadaśva iva coditaḥ || 5.51 || śloka

nānālokasthitebhyo 'tha
jinebhyo dharmadeśanāḥ |
śṛṇoti sarvasattvānāṃ
nirvāṇakāṅkṣayākṣayāḥ || 5.52 || śloka

tataḥ sa paracitteṣu
vijñāyānuśayāśayān |
puṇyāṅkurān ropayati
jñānasādhanavān navān || 5.53 || śloka

5.50 그리고 두려움과 극심한 고통 때문에
알아들을 수 없는 말과 단어로[22]
고통스러운 지옥 [중생의] 신음소리에
마치 [그의] 심장이 관통된 것 같이 [느낍니다].

5.51 마치 매우 뾰족한 끝으로 찌르자마자,
뛰어난 말(駿馬)이 [즉각] 튀어나가는 듯
[온몸 전체의] 골수에 큰 자비심을 가진 그는
가장 뛰어난 용맹정진을 [즉각] 시작합니다.

5.52 모든 중생의 열반을 바라는
간절한 소망으로 말미암아 이제 그 [보살]은
다양한 세계에 머무시는 붓다들로부터
절대 사라지지 않는 법의 가르침을 듣게 됩니다.[23]

5.53 그러면, 지혜의 성취를 이룬 그 [보살]은
다른 이들의 마음에
[어떠한] 잠재적 기질과 성향이 있는지를
확실히 파악한 후,
새로운 공덕의 싹을 [그들의 마음에] 심어 놓습니다.[24]

smṛtvā pūrvanivāsaṃ ca
kalpakoṭisahasraśaḥ |
paśyan puṇyāni *lokānāṃ *8r5
tathendriyabalābalaṃ || 5.54 || śloka

tadāśrayavaśād ṛddhyā
so 'nekīkṛtavigrahaḥ |
avandhyakathatāṃ yāti
yathābhājanadeśanāt || 5.55 || śloka

kvacid arkasahasradīptināpy
avisamvāditakāntisaṃpadā |
vapuṣā munirājalakṣaṇa-[1]
sphuṭacitreṇa samantalakṣmaṇā || 5.56 || viyoginī

janayan nayanotsavaṃ nṛṇāṃ
vacasā hlādaviśeṣam ācaran |
sa karoty *amṛtaprakāśanaṃ *8r6
jinabhāvāya jinādhimuktiṣu || 5.57 || viyoginī

praśamottarayā muniśriyā
kvacid atyarthaviśiṣṭaceṣṭayā |
kurute muniśiṣyarūpabhṛd
vinayaṃ tadvinayārhacetasām || 5.58 || viyoginī

---

[1] munirājalakṣaṇa-] K, munirājalakṣaṇaḥ Fed. Med. Sed. (Tib. *ri mo gsal ba'i mtshan rgyas pa*)

5.54-5 수천억 겁에 걸친 전생을 떠올린 후에,
세상 사람들의 공덕들과
그들의 [오]근의 장점[오력근(五力根)],
단점을 살펴보시는 [보살은],
각기 [근이라는] 토대의 힘에 근거해
신통(神通)으로써 다양한 모습으로 나투시어
이들의 입장에 맞는 가르침을 가지고
[그들이] 결실을 맺을 수 있도록 하는
효과적 설교를 하십니다.[25]

5.56-7 [불국토의] 그 어딘가에서
천 개의 빛(= 태양)과도 같은 광명을 내뿜으면서도
의심의 여지가 없는 아름다움을 구족한 채,
성자들 중 왕(= 붓다)의 특징이 뚜렷하게 지니고
온몸에 상서로운 징표가 가득한 신체로써
사람들의 눈에 환희를 선사하시며
설법으로 특별한 즐거움을 전해주시는 [보살은],
승리자(= 붓다)가 되기 위하여
승리자에 대해 확신을 가진 이들에게
불멸의 현시를 나타내 보이십니다.

5.58 [또] 어딘가에서
성자(= 붓다)의 제자의 모습을 지닌 [보살이]
지극히 뛰어난 행위를 통해
적멸을 초월한 붓다의 위대한 덕성을 펼쳐 보이면서,
그 [붓다의] 가르침을 받아들일 만한 마음을 지닌 이들을
교화하고 훈련시킵니다.[26]

abhisāritapādapaṅkajaḥ
suracūḍāmaṇibhir mahendravat |
dhanado dhanado[1] yathā kvacit
kuhacid brahmavad adbhutadyutiḥ || 5.59 || viyoginī

kvacid unmiṣitatrilocanaḥ
śaśilekhāmalamaulibhūṣaṇaḥ |
*amarādhipabhāsuradyutir *8r7
bhujagendraśriyam udvahan kvacit || 5.60 || viyoginī

kuliśānalapiṅgalāṅguliḥ
kuhacid guhyakarājarājavat |
amitājinalakṣmavān kvacid
guṇaraśmir municandramā iva || 5.61 || viyoginī

sphuṭakaustubharatnaraśmibhir
vipuloraḥsthalabhāsuradyutiḥ |
garuḍadhvajarājadṛk[2] kvacit
kuhacic caiva halāyudhadyutiḥ || 5.62 || viyoginī

---

[1] dhanado] Fed. Med. Sed., dhado K (unmetric)
[2] -rājadṛk] K^{pc}, -rājaḥdṛk K^{ac}

5.59 [보살은] 그 어딘가에서는 인드라 신처럼
그의 연꽃과 같은 발에
신들의 [화관을 장식한] 보석이 와 닿자[27]
마치 쿠베라(Dhanada)신처럼
[그들에게] 부를 선사하시며[dhana-da],[28]
[또] 어딘가에서는 브라흐마 신처럼
놀라운 광채를 빛내고 있습니다.

5.60 [보살은] 그 어딘가에서 세 개의 눈을 뜨고,
초승달이 티 없이 [빛나는] 왕관을 장엄한 채,
불사의 신[= 쉬바]이 지닌 빛나는 광채를 뿜으며,
뱀들의 왕(bhujagendra)[= 바수키(Vāsuki)]의 영광을
지닌 모습으로 계십니다.[29]

5.61 [보살은] 그 어딘가에서
구히야카(Guhyaka) 왕들의 왕처럼
번개에서 나온 불길과 같이 황금빛 손가락을 하고선,
측정할 수 없이 [커다란] 영양의 가죽과 같이
[상서로운] 징표을 걸친 채,
마치 성자의 달처럼 덕으로 빛을 내고 계십니다.[30]

5.62 어딘가에서는 가루다의 깃발을 단 왕[= 비슈누(Viṣṇu)]처럼
번쩍이는 카우스투바(Kaustubha) 보석의 광채로 인해
[그의] 넓은 가슴이 눈부시게 번쩍이고 있습니다.
[또] 어딘가에서는 쟁기를 무기로 쓰는
[발라라마(Balarāma)]의 모습을 하고 계시답니다.[31]

sitaśaktir[1] acintyaśaktimān
kuhacic cā*ruśikhaṇḍivāhanaḥ | *8v1
udayāstanagendrabhūṣaṇaḥ
śaśisūryāmalarūpavān kvacit || 5.63 || viyoginī

kuhacid dhutabhuṅ marutvatāṃ
vapuṣānyatra narāśrayāśināṃ |
varuṇadyutim udvahan kvacit
kuhacin manmathacāruvigrahaḥ || 5.64 || viyoginī

lalitāṃ pramadāṃ narākṛtiṃ[2]
naranārīratisaṅgalālasaḥ |
kvacid eva tāpovanaśriyaṃ[3]
vidadhat kāmaviraktamānasaḥ || 5.65 || viyoginī

hṛdayāni haran nṛṇāṃ kvacid
guruśiṣyakṣitipālavṛttibhiḥ |
nara*keṣv api ca prabhāvato *8v2
vidadhad duḥkhavimokṣaṇakṣaṇam || 5.66 || viyoginī

---

[1] sitaśaktir] K Fed. Med., śitaśaktir Sed.

[2] pramadāṃ narākṛtiṃ] K, pramadānarākṛtiṃ Fed. Med. Sed.

[3] tapovana-] K Fed. Sed., tapodhana- Med.; (Tib. *brtul zhugs nor ldan* = *tapodhana)

5.63 그 어딘가에서 [보살은]
하얀 창과 함께 불가사의한 힘을 지닌 채,
아름다운 공작을 탄 [스칸다(Skandha)신처럼],
어딘가에서 일출과 일몰에 히말라야산의 장엄을 받으며
[피고 지는] 달과 해와 같은
티없는 모습을 하고 계시기도 합니다.

5.64 그 어딘가에서 [보살은]
인간의 신체가 소진되어버리는 것과는 다르게,
폭풍우의 신인 마루트(Marut)들에 대동한
공물을 먹는 [아그니](Huta-bhuj) 신의 모습으로,
어딘가에서는 바루나(Varuṇa) 신의 광채를 띤 채,
어딘가에서는 만마타(Manmatha)[= 카마] 신의
아름다운 모습으로 [나투시기도 합니다.]

5.65 [또 어딘가에서 보살은]
매혹적인 여인의 모습을, [혹은] 남성의 모습을 한 채,
남녀의 사랑의 즐거움을 만끽하며,
어딘가에서는 고행의 숲의 영광을 누리며,
욕망을 완전히 떠난 마음을 지닌 채 계시기도 합니다.[32]

5.66 어딘가에서 [보살은]
사제간에 [덕스러운] 왕처럼 행동함으로써
사람들의 마음을 사로잡기도 하며,
어딘가에서는 나락이라고 할지라도 신력을 통해
[나락의 중생을] 고통에서 벗어나게 할 기회를 붙잡습니다.[33]

jagatām adhimuktivistarair
atha so ’nekavidhair viceṣṭitaiḥ |
karuṇāguṇasantatas tataḥ
kurute lokahitaṃ tatas tataḥ || 5.67 || viyoginī

samavāpya viśeṣasampadaṃ
vipulāṃ dhyānaguṇāśrayād imāṃ |
prayateta viśeṣavattaraṃ
nidhicihneṣv[1] avisamvadatsv iva || 5.68 || viyoginī

kuśale sthitir apy anūrjitā
kimu hāniḥ[2] śithilavratocitā |
prayateta vi*vṛddhaye tataḥ *8v3
parihāṇis tu viparyayād ataḥ || 5.69 || viyoginī

sulabhaś ca samādhir udyamād
anurakṣā punar asya duṣkarā |
sahasā vijigīṣuṇā yathā
vijitasya praśamapratikriyā || 5.70 || viyoginī

---

[1] nidhi-] Fed. Med. Sed., vidhi- K ; (Tib. *gter gyi* *= nidhi-)

[2] kimu hāniḥ] K. Sed., kum ahāniḥ Fed. Med.

5.67 이제 그 [보살]은 세상 사람들에게 확신을
널리 심어주는 갖가지의 노력과 다양한 행위를 통해서
자비의 덕을 펼침으로써,
세상을 위해 행위하고 또 행위합니다.

5.68 [보살이] 선정의 공덕에 기반해
이러한 커다랗고 특별한 성취를 얻은 후에라도
마치 약속을 절대 저버리지 않는 것처럼,
[선정이란] 바다에서 [생겨난 여러] 징후들에 관하여
더욱 더 [뛰어난] 성취를 얻기 위해 노력해야만 합니다.

5.69 선(善)을 행하고 있다고 하더라도
그 힘이 강하지 못하다면,
서약을 쉽게 어기게 만드는 나태함이
더욱 더 [생겨나지 않겠습니까.]
그러니, [선근을] 키우기 위해 노력을 다해야만 합니다.
반대로, [노력하지 않는다면] 그로 인해 완전히 무너지게 됩니다.

5.70 삼매란 노력한다면 쉽게 얻어지는 것입니다.
그러나 이렇게 [얻어진 삼매를] 유지하는 건 매우 어렵습니다.
마치 전사가 힘을 써서 [상대국을 정복하기는 쉬어도]
정복한 [상대국]을 평화롭게 유지하는 것이
[매우 어려운 것과도 같습니다.]

manasaḥ parivṛttilāghavaṃ

paramaṃ tatra na viśvased ataḥ |

anavāpya[1] mahīm ivācalām

acalāṃ bhūmim adhīradurgamām || 5.71 || viyoginī

abhisaṃskṛtamārgakāriṇaḥ

patanāntā hi samādhivistarāḥ |

ata *uttamamārgabhāvanām *8v4

avalambeta vikalpavarjanāt || 5.72 || viyoginī

śucinityasukhātmakalpanāṃ

kapaṭaṃ saṃskṛtadambhasaṃbhavām |

samavekṣya na bhāvakalpanā-

praṇayavyāpṛtamānaso bhavet || 5.73 || viyoginī

viśade 'py[2] upalambhasaṃbhave

vrajati kleśaśaravyatāmanaḥ[3] |

vyatiyāti tu māragocaraṃ

tam anarthaṃ praśamayya sarvathā || 5.74 || viyoginī

---

[1] anavāpya] K Med. Sed., anāvāpya Fed.

[2] viśade 'py] Fed. Med. Sed., viṣade py K

[3] kleśaśaravyatāmanaḥ] K, kleśaśaravyatām ataḥ Fed. Med. Sed.

5.71 마음에서 (번뇌가) 사라져 지극히 간결하다 할지라도,
[수행자는] 그 상태에만 의지해서는 안 됩니다.
확고하지 않은 이들은 이르기 어려운,
마치 대지처럼 움직이지 않는
부동지(不動地)를 얻지 못했다면 [더 나아가야 합니다].[34]

5.72 왜냐하면 실로 조건지어진 길을 행하며
충분히 삼매에 주한다 할지라도
종국에는 실패할 수 있기 때문입니다.
이러한 연유로 분별을 버림으로써
가장 높은 길(= 법운지)의 수습에 착수해야 합니다.[35]

5.73 조작된 거짓에 의해서 생겨난,
청정, 영원, 행복, 자아 등이라는 망상이
거짓임을 확실히 관찰한 후라면,
[보살의] 마음에는 어떤 상태의 망상에도
휘둘리는 일이 절대 일어나지 않습니다.

5.74 비록 [그의 마음이] 맑은 상태라 할지라도
인식대상이 떠올라 부유할 때면
마음은 번뇌라는 화살의 표적이 되어 버립니다.
하지만 [보살은] 모든 방법을 써서
[그 번뇌의] 해악을 완전히 잠재운 다음,
마라(Māra)의 모든 활동 영역을
모든 방법으로 완전히 관통해 버립니다.

na hi niśrayadoṣadūṣito
bhavati dhyānavi*dhir[1] viśuddhaye | *8v5
calatānugato hi niśrayaḥ
sakhaṭuṅkas tata eva kathyate || 5.75 || viyoginī

vyavahāravidhiprasiddhaye
pratipat tad bhavatīti kathyate |
na hi kiñcid udeti kutracit
sadasatsaṃbhavayuktyasaṃbhavāt || 5.76 || viyoginī

gaganena samānamānasas
tribhavād apy atha vītaniśrayaḥ |
avikalpitavīraceṣṭito[2]
vacanenāpratiyatnaśobhinā || 5.77 || viyoginī

kurute sa ca laukikīṃ *kriyāṃ *8v6
jagadekāntahitānuvartinīm[3] |
na samādhibalāc ca hīyate
vaśavarttitvam avāpya cetasaḥ || 5.78 || viyoginī

---

[1] dhyānavidhir] K Med. Sed., dhyānavidhi- Fed.
[2] -vīraceṣṭito] K Fed., -dhīraceṣṭito Med. Sed., (*em.*, Tib. *spyod brtan*)
[3] -nuvartinīm] Fed. Med. Sed., -nuvarttinī K

5.75 실로 의지처(所依 niśraya)라는 허물로 인해 손상된
선정의 방식은 결코 청정(viśuddhi)으로 향할 수 없습니다.
의지처(所依)란 움직이는 대로 따라가기에,
그 때문에 [끊임없이 움직이는] 할미새처럼
불안정하다고 말해집니다.[36]

5.76 세간적인 언어의 방식에 맞추기 위해
그 [토대(niśraya)]는 행적(行跡 pratipat)이라고도 불립니다.
실로 어떤 것도 어디로부터 생겨나는 것이 아닙니다.
왜냐하면 '있다(有)'거나 혹은 '없다(無)'고 하는 논리란
불가능하기 때문입니다.

5.77 허공과도 같은 마음을 지닌
이제 삼유(三有, 욕계, 색계, 무색계)라고 할지라도
[마음이] 기댈 만한 토대를 떠나 있습니다.
[하여 보살은 작위적 노력 없이도]
자연스러우면서도 멋진 말로써,
어떤 판단도 배제한 채
영웅과 같은 행위를 합니다.[37]

5.78 그리하여 그 [보살은] 최종적으로
세상을 이롭게 하기 위한
세속적인 행위를 행합니다.
그리하며, 마음을 다스릴 수 있게 된 후,
삼매의 힘에서 결코 벗어나지 않습니다.

tataḥ paraṃ[1] parahitatatparodbhutaiḥ[2]
samādhibhir vidhivihitaprayojanaiḥ |
vivarddhate ghanasamaye yathodadhiḥ
saridvadhūsamupahṛtair navāmbubhiḥ || 5.79 || rucirā

|| dhyānapāramitāsamāsaḥ || 5 ||

[1] paraṃ] Fed. Med. Sed., paras K
[2] -parodbhutaiḥ] K, -parodyataiḥ Fed. Med. Sed.

5.79 그러면, 마치 강가여신께서 바치는 신선한 빗줄기로 인해
우기(雨期)에 대양이 완전히 불어나듯이,
타인의 이익에 온전히 몰두하면서 생겨난
규칙에 따라 세워진 목적을 지니는 선정들을 통해서
[보살의 삼매는] 완전히 자라나게 됩니다.[38]

선정바라밀다 [가르침의] 요약[을 마칩니다].

〚 주 〛

1 5.1ab *dhyānavidhau yogaṃ kuryāt*] vidhi는 방법, 체계, 규정 등을 의미하므로, 본 게송은 불교에서 선정을 설명하는 체계에 따라서 수행을 해야 한다는 점을 함축한다.

2 5.2] 게송의 최종 동사인 prasīdati는 pra√sad에서 파생된 현재형으로 '맑아지다, 선명해지다(to be clear)'를 기본적으로 뜻하는데, 인도 문헌 속에서 이 어근에서 파생된 단어들은 잔물결이 모두 가라앉아 고요해진 상태여야만 물속이 모두 선명하게 보이게 되는 이미지와 연결되어 사용된다. 한글역에서 '밝게 비친다'는 표현을 썼지만, 달이나 지혜가 지닌 속성이 빛난다는 점을 상기하면 '밝게 빛난다'는 함의도 함께 가지고 있다고 볼 수 있다. 둥글게 떠있는 보름달도 구름으로 가려진 하늘에서는 자신이 가진 빛을 온전히 발할 수 없지만 구름 한 점 없는 가을 하늘에서는 휘영청 밝게 떠올라 온 세상을 밝게 비출 수 있다. 즉, 달빛이 그대로 드러나기 위해서는 맑은 하늘이 필요한 것이다. 이처럼 지혜가 밝게 비추기 위해서는 티없이 맑은 마음이 필요하다. 게송은 이러한 맑은 마음은 선정을 통해 생겨나는 것임을, 그리고 그러한 마음이 있어야 지혜를 더욱 선명하게 드러나게 됨을 비유를 통해 설명한다.

3 5.8 *akṣaṇa-*] Meadows는 akṣaṇa(때가 적절하지 못한 생)이 특히, 붓다의 가르침을 직접 들을 수 있는 기회를 놓친 생을 지칭하는 말이라고 해석한다.

4 5.13] 혼침(惛沈 laya)과 도거(掉擧 auddhatya)에 빠져 있는 마음(manaḥ)의 상태를 묘사하면서, 전자는 비파샤나(vipaśyanā, 여기서는 표현상 vidarśana)로, 후자는 샤마타(śamatha, 여기서는 표현상 praśama)를 통해서 벗어날 수 있음을 말한다.

5 5.18] 게송은 초선에 들어가기 전에 제거해야 할 다섯 가지 욕망의 대상에 대해 이야기한다. 오개(五蓋 pañca-nivaraṇa/nīvaraṇa/nivāraṇa)는 탐욕(貪欲)과 진에/악의(瞋/瞋怒 pratigha), 혼침(惛沈/수면睡眠 middha)과 도거(掉擧 auddhatyakaukṛtya), 그리고 의심(疑)이라는 다섯 가지의 마음을 덮어 버리는 장애를 의미한다.

6 5.21] Meadows(p.308)도 언급하듯이, 이 게송에서 주어가 지칭하는 것이 무엇인지 정확하게 드러나지 않지만, vs.24c kāmāḥ에서 vss.21-24가 모두 kāma에 대해 이야기하고 있음을 알 수 있다. 하지만 이들 게송에서의 문맥을 살펴보면, 불교 문헌의 일반적인 용례인 욕망의 대상에서 확장되어 '욕망의 대상에 대한 맹목적 추구'를 함축하기도 한다. 이에 이 게송들에서는 kāma를 조금 다양하게 번역했다. 잠깐 번쩍이다 사라지는 빛처럼, 부글거리며 생겨났다가 금세 꺼져버리는 거품의 방울방울처럼, 욕망의 대상이란 그것을 취한다고 할지라도 만족을 절대 줄 수 없는 것이다. 욕망의 대상의 무상성에 대한 이와 같은 비유의 대표적인 구절로 『금강경』의 구절(tārakā timiraṃ dīpo māyāvaśyāya budbudam | svapnaṃ ca vidyudabhraṃ ca evaṃ draṣṭavya saṃskṛtam ||)을 들 수 있다.

7 5.22-3] 이 두 게송의 실질적 주어는 이전 게송과 마찬가지로 kāmāḥ [욕망의 대상들]이다. 그러므로 술어는 vidāriṇaḥ (m.pl.No)가 된다. 부모님이 자식을 사랑하고 자식이 부모님을 아끼며, 좋은 친구가 친구를 아끼는 마음, 그리고 덕이 높은 사람이 전쟁에서 만난 적군이라고 할지라도 그들을 진심으로 대하는 마음, 이처럼 너무나도 견고해 절대 부서질 일이 없을 것 같은 관계라 할지라도 인간이 오욕에 휩싸여 이를 쫓으면 한순간에

무너져 내린다는 것을 말한다.

8 5.26] Meadows(pp.308-9)는 이 게송이 세 가지 다른 방법으로 사용된다고 해설한다. 먼저, 타자의 이익을 향할 때 이는 긍정적인 가치를 지니고 '자신에 대한 욕망(ātmakāma), 자신을 중요시하는 것'과 대조를 이룬다는 점, 두 번째로 보살은 욕망의 대상을 품어서는 안 된다는 점을 강조하며, 그리고 마지막으로 『자타카말라』는 ātmakāma를 긍정적인 의미(JM XVIII, introductory moral)에서 보살을 설명하기 위해 사용하고 있다는 점이다. 하지만 이와 다르게 본 작품에서는 타인의 이익을 위하는 것보다는 하등의 것으로 보고 있다고 해설한다. 그렇지만, 게송에서 ye를 받는 tān의 의미와 연결시켜 본다면, 오히려 자신의 이익이라는 것이 타인을 위한 이익을 추구하는 것만큼 중요하다는 의미로서 이해될 수 있지 않는가 싶다. 결국 보살이 자리(svārtha)와 이타(parārtha)를 동시에 추구해야 할 정당성을 부여하는 게송으로 생각된다.

9 5.30] 이생희락(離生喜樂), 욕망의 대상들을 버림으로써 얻게 되는 기쁨. 사정려[= 사선정] 가운데 첫 번째 선정.

10 5.31d *samādhiprītajaṃ sukham*] 기존의 교정본은 이 부분을 -prītijaṃ이라고 교정하였으나, 본서는 -prītajaṃ이라는 사본(K)의 리딩을 따랐다. 두 번째 선정에서는 vitarka-vicara가 제거의 대상이 된다. 게송 d구에서 사본의 prīta라는 읽기를 기존 교정본은 모두 prīti-로 교정하였으나, 이 정형구의 prīti-sukha의 동격한정복합어의 해석 가능성을 토대로 교정없이 사본 읽기 그대로를 반영하였다.

11 5.32] 두 번째 선정의 정생희락(定生喜樂)에 대한 설명.

12 5.33] 세 번째 선정의 이희묘락(離喜妙樂)에 대한 설명.

13 5.34] 네 번째 선정의 불고불락(不苦不樂)에 대한 설명.

14 5.35] 본 게송은 사정려를 얻은 수행자가 얻게 되는 다섯 가지 신통력, 즉, 천안통(divya-cakṣus), 천이통(divya-śrotra), 타심통(paracitta-jñāna), 숙명통(pūrvanivāsānusmṛtijñāna), 신족통(ṛddhi-sākṣātkiryā)을 왕국을 잘 다스리게 된 훌륭한 왕이 얻게 되는 다섯 가지 특징, 겸손(hrī), 명성(kīrti), 위엄(śrī), 지성(mati), 광채(dyuti)로 이루어진 다르마(dharma)에 빗대어 이야기한다.

15 5.37-8] 이 두 게송의 기본적인 구조는 그(sa), 즉 보살은 자비심을 내었기에(kārūnyāt) 절대 지치지 않는(aśrānta) 보살행을 하므로, 여러 부정적인 특징을 지닌 사람들(복수 목적격으로 표현, matsarinaḥ, tadvikalān, kopanān, kusīdān, vikṣiptacetasaḥ, tannirākṛtān)을 각기 필요한 육바라밀다행(단수 처격)에 이를 수 있도록 고무하고 격려하는지(niyojayati, ni√yuj의 사역형)에 대해 이야기한다.

16 5.44b *-ācāragocaram*] ācāragocara는 팔리 문헌에서도 자주 나타나는 표현으로 '옳은 행위와 [행위의] 영역'이라는 병렬복합어(dvandva)로 사용되므로, 이를 바탕으로 해석(동일한 용례를 『법화경』에서도 찾을 수 있다. Cf. *Saddharmapuṇḍarīka* 265.6ff). 보살을 소 가운데에서도 뛰어난 종인 황소에 비유하는 것은 감관의 경계에 해당하는 원어인 'gocara'와 관련이 있어 보인다. go-cara는 소가 말뚝에 묶여 있을 때, 움직이면서 풀을 뜯어 먹을 수 있는 '소의 행동 반경'이라는 말에서 나왔는데, 이처럼 gocara는 '감관이 활동할 수 있는 영역'을 뜻한다.

17 5.40-4] 붓다의 신통 중에서 천안통(天眼通)에 대해 묘사한다.

18 5.46b *divyayātha*] Saito 편집본은 Meadows 편집본의 -artha-가 삽입된 읽기가 티베

트역에 없다고 지적한다. 본 게송에서 atha는 천이(divya-śruti)와 청정한 맑은 음성(viśuddha-uccavāc)이라는 두 가지를 구분하도록 하는 문법적 기능을 할 수 있다.

19 5.47] 본 게송은 무자비한 이들을 분노라는 불에, 그리고 그들이 내뱉은 말을 화염에 비유한다.

20 5.48] 천상의 세계의 아름다운 소리도 결국 사그라져 없어질, 영원하지 않은 것이라고 게송은 말하고 있다.

21 5.49] Saito의 편집본에는 본 게송이 포함되지 않는다. 해당 티베트역이 없는데, Meadows 또한 이 게송이 천안에 관련된 내용이므로 후대에 적절하지 않은 부분에 잘못 삽입된 것이 아닌가 하는 가능성을 제기한다.

22 5.50b *avispaṣṭapadākṣaraiḥ*] 여래의 오신통 중 천이통(天耳通)과 관련된 서술. 이 사본의 특성상 avagraha가 거의 표시되지 않기 때문에, 문맥의 의미상 avispaṣṭa라는 읽기를 다른 편집본들과 동일하게 선택했다. 하지만 티베트역의 의역은 그러한 읽기를 정확하게 반영하지 않는 듯 보인다.

23 5.46-52] 여래의 오신통 중 천이통(天耳通)에 대해 묘사한다.

24 5.53] 여래의 오신통 중 타심통(他心通)에 대해 묘사한다.

25 5.54-5] 여래의 오신통 중 숙명통(宿命通)에 대한 기술(5.54)에서 중생이 지닌 오력근(五力根)은 신력(信力 śraddhā-bala), 정진력(精進力 vīryabala), 염력(念力 smṛti-bala), 정력(定力 samādhi-bala), 혜력(慧力 prajñā-bala)을 칭한다. 55송은 이를 선교방편(upāyakauśalya)과 연결시키고 있다.

26 5.58] 게송은 붓다의 고결한 유산과 해탈의 대한 가르침이 어떻게 이어져 내려오게 되는지를 게송은 설명한다. 이 세계 어딘가, 어떤 불국토에 있는 보살들은 누구나 뛰어난 행위(viśiṣṭa-ceṣṭā)의 붓다의 유산/영광(śrī)을 통해서, 그 유산을 품어낼 수 있었던 선지자들의 길을 또 다시 따르게 됨을 노래한다.

27 5.59] 신들의 화관의 보석이 보살의 발에 닿는 것은 신들이 머리를 조아리고 엎드려 경배하는 모습을 묘사하는 것이다.

28 5.59c *dhanado dhanado yathā*] 인도 신화에서 쿠베라(Kubera/Kuvera) 신은 '부(富 dhana)를 주는(-da) 자'라는 뜻에서 Dhanada라는 이명으로 불린다. 이 게송은 마치 쿠베라신처럼 보살 또한 어딘가에서 사람들에게 값진 것(= 부)을 주고 계신다는 것을 비유하면서도 동시에 'dhanado dhanado...'라고 반복되는 음을 통해 시적 아름다움을 배가시키고 있다. 이처럼 이 게송을 통해 우리는 유사한 음절의 반복을 통해 소리의 아름다움을 부가하는 기교는 물론, 동음이의어를 통해 의미의 중첩성을 활용하는 등 산스크리트의 다양한 수사적 기법을 맛볼 수 있다.

29 5.60] 이 게송에서는 보살은 쉬바신과 같은 모습도 지닐 수 있음을 비유한다. 도상적 측면에서 쉬바는 제3의 눈을 지니고, 머리가 초승달로 장식되어 있으며, 목 주변에 뱀 바수키를 감고 있는, 불사의 신(amarādhipa, amaranātha)이라고도 불린다.

30 5.61] 이 게송에서도 보살은 또한 쿠베라신이나 쉬바신의 특징을 지닌 존재로서 변화하여 세상에 주하고 계신다고 비유된다. 우리에게 이러한 인도 종교의 신들은 매우 낯선 것들이기는 하지만, 이 게송이 지어진 인도적 배경을 감안한다면, 보살의 활동과 그 능력이 인도 문화에서 친숙한 다양한 신들에 비유되면서 그 의미가 청자들에게 쉽게 이해되었을 것이다.

31 5.62] 여기서는 보살의 모습을 비슈누신과 크리슈나신의 형인 발라라마(Balarāma)의 화현에 비유하고 있다.

32 5.65] 보살은 신의 모습을 하기도, 그리고 욕망을 향유하는 평범한 사람들의 모습으로, 혹은 그 반대로 욕망을 벗어난 고행자의 모습으로 나타남을 말한다. 또는 앞부분은 카마신의 모습을 표현한 것으로도 이해할 수 있다.

33 5.66] 게송은 지상에서는 왕으로, 지하에서는 구원자로 나타나는 보살의 다양한 모습에 대해 묘사한다.

34 5.71] 여기에서는 보살의 십지(十地) 중 제7지인 원행지와 제8지 부동지의 단계에 대해 논한다.

35 5.72] 이 게송에서는 십지 중 제9지와 10지의 단계에 대해 논의한다.

36 5.57d *sakhaṭuṅkaḥ*] khaṭuṅka의 철자법은 khaṭuka, khaḍuka, khaḍḍuka(BHSD) 등으로 다양하게 나타내는데, 할미새는 가만히 있지를 않고 계속해서 꼬리를 흔들기 때문에, 가만히 있지를 못하는 불안정한 존재인 중생을 수식하는 용례로 많이 나타난다. 또한 이 단어는 잘 길들여지지 않은 말(horse)을 묘사하는 팔리어 문헌의 용례에서도 나타난다.

37 5.77 *avikalpitavīraceṣṭitaḥ*] 영웅과도 같은 행위를 하는 자(vīra)라는 읽기와 확고한 행위를 하는 자(dhīra-)가 모두 가능하다. 기존 편집본(Meadows와 Saito)은 티베트어에 따라 리딩을 교정했다. dhī와 vī의 서체상의 유사성에 의해 발생할 수 있는 이독이지만, Ms는 확실히 vī라고 기록하고 있다.

38 5.79] 다른 장에서 보았듯이, 각 장의 마무리 게송은 운율을 다르게 하여 내용을 강조하는 형식을 띤다. 이 게송에서는 saridvadhū를 saridvarā(= 강가여신)와 동일한 뜻으로 해석, 쉬바의 머리털 안에 담긴 갠지스강이 흘러내는 것을, 강가의 여신이 바치는 빗줄기로서 표현한다. 물이 가득한 대양이 빗줄기로 인해서 더욱더 불어나는 것처럼, 대승의 방식에 따라 규정되는 삼매를 통해서 보살의 삼매의 힘이 더욱더 증장하게 되는 것을 비유한다.

제6장

반야바라밀다 가르침의 요약

Prajñāpāramitā-samāsa

puṇyāni dānaprabhṛtīny amūni
prajñāsanāthāny adhikaṃ vibhānti |
hiraṇma*yānīva vibhūṣaṇāni *8v7
pratyuptaratnadyutibhāsvarāṇi || 6.1 || upajāti (śālā)

kriyāsu sāmarthyaguṇaṃ hi teṣāṃ
prajñaiva vistāriṇam ādadhāti |
svārthapravṛttau viśadakramāṇāṃ
yathā manaḥsantatir indriyāṇāṃ || 6.2 || upajāti (ādrā)

kriyāsv ayogyāni śarīrayantrāṇy
āyurviyuktāni yathā na bhānti |
tathaiva kāryāṇi na bhānti loke
prajñāviyogena jaḍīkṛtāni || 6.3 || viparītākhyānikī

śraddhādikānām api *cendriyāṇāṃ *9r1
prajñāgraṇī buddhir ivendriyāṇām |
guṇāguṇān[1] vetti hi tatsanāthaḥ
kleśakṣaye naipuṇam ety ataś ca || 6.4 || upajāti (śālā)

---

[1] guṇāguṇān] Fed. Sed. Med. (Tib. *yon tan skyon*), guṇaguṇān K (unmetric)

6.1 반야(prajñā 般若 = 지혜)에 의해 보호를 받는,
보시 등의 이러한 공덕들은 더욱 빛이 납니다.
박혀 있는 보석의 광채를 얻었기에
마치 황금 장신구들이 [더욱 빛나는 것]처럼.[1]

6.2 왜냐하면 반야만이 그 [공덕들]의 효력(效力)을
크게 증진시키기 때문입니다.
마치 자기 대상에 작용할 때 분명한 차례를 가진
의식의 연속(= 의근)이 [다섯]감관의 [능력을 강화시키는] 것처럼.[2]

6.3 목숨을 잃게 되면 몸의 여러 기능들이
무엇도 할 수 없는 무용지물이 되어 빛날 수 없듯이.
바로 그처럼, 반야를 갖추지 못한 채
생각없이 하는 행위들은
세상에서 전혀 빛나지 못합니다.[3]

6.4 그리고, 마치 의근(意根)이 [오]근들을 이끄는 것처럼.
신근(信根) 등 중에서도 지혜[근]이 으뜸입니다.
왜냐하면 그 [지혜근]의 보호를 받는 자는
[해탈에] 유익한 것과 무익한 것을 알아,
이로써 번뇌를 소멸시키는 데에도 능숙해지기 때문입니다.[4]

prajñāviyogāt phalalālasānāṃ
naiva svatodānaviśuddhir asti |
tyāgaṃ parārthaṃ hi vadanti dānaṃ
śeṣas tu vṛddhyartham iva prayogaḥ || 6.5 || indravajrā

prajñāsamunmīlitacakṣuṣas tu
dattvā svamāṃsāny api bodhisattvāḥ |
naivonnatiṃ nāvanatiṃ prayānti
bhaiṣajyavṛkṣā iva nirvikalpāḥ || 6.6 || indravajrā

evaṃ sa bhūmiṃ prathamām upaiti
lo*kottarasyārthavidhipratiṣṭhām | *9r2
akrodhanaḥ prītisamṛddhacetā
dānair mahadbhir jagadarthacetāḥ || 6.7 || indravajrā

prāyeṇa yasyāṃ balacakravartī
bhavaty asaṃhāryamatiś ca bodheḥ[1] |
prajñāguṇādeśitasatpatho ’tha
krameṇa bhūmiṃ vimalām upaiti || 6.8 || upajāti (ākhyānikī)

yasyāṃ prakṛtyaiva viśuddhaśīlaś
caturmahādvīpapatiḥ sa bhūtvā |
narendracūḍāmaṇisatkṛtājñaḥ
stūpārhatām[2] eti yathā munīndraḥ || 6.9 || upajāti (jāyā)

---

[1] bodheḥ] Fed. Med. Sed., bodhiḥ K
[2] stūpārthatām] K Sed.; sūryārhatām Fed. Med.

6.5 반야 없이 과보만을 탐내는 이들의 보시는
자발적으로 내주었다고 할지라도
결코 청정하지 못합니다.
[붓다들은] 타인을 위해 내어주는 것이야말로
[진정한] 보시라 하셨습니다.
그 외에는 [결국 자기] 번영을 위한 것처럼 사용될 [뿐입니다].[5]

6.6 그러나 반야로 눈이 열린 [어떤 분별심도 없는]
보살들께서는 자신의 살점까지도 내어 준 후에도
[자신의 보시에 대해] 결코 우쭐해 하거나 아쉬워하지 않습니다.
마치 약재나무가 어떤 분별도 없이
[껍질, 잎, 열매 등 모든 것을 내어 주듯이][6]

6.7 그와 같이 [보살]은 초세간의 이익을 위한 단계인
일지(一地)에 도달합니다.
마음이 환희로 가득하여 분노가 사라진 그는
많은 보시로써 세상을 이롭게 하고자 합니다.[7]

6.8 그리하여, 반야의 덕이 이끄는 바른 길을 따라
[다음] 차례로 [두 번째] 단계인 무구지(離垢地)에 이릅니다.
[이 무구지에서] 대부분 강력한 전륜성[왕]이 되지만,
깨달음(菩提)을 향한 마음은 결코 흔들리지 않습니다.

6.9 그 [반야] 안에서 본질적으로 계가 청정해진 자는
사대주(四大洲)의 주인이 되어,
제왕들[이 깊이 엎드려 그] 보관의 보석으로
[그에게] 예를 표하며 그의 명령을 받들고,
마치 대성현(大聖賢, 붓다)께서 그러하셨듯이
탑에 모셔질 자격을 얻습니다.[8]

tataḥ paraṃ kāmi*ṣu daivateṣu *9r3
loke ’pi ca dvitrisahasrasaṃkhye |
aiśvaryam āpnoti tataḥ paraṃ ca
bhūmiṃ viśodhya prabhavāṃ prabhāyāḥ || 6.10 || upajāti

śīlasya śuddhiḥ kuta eva tasya
yaḥ prajñayā nāpahṛtāndhakāraḥ[1] |
prāyeṇa śīlāni hi tadviyogād
āmarśadoṣaiḥ[2] kaluṣīkriyante || 6.11 || indravajrā

nātmārtham apy asti tu yasya śīlaṃ
prājñasya tasyāsti kathaṃ parārthaṃ |
yo dṛṣṭadoṣo bhavabandhanā*nāṃ *9r4
lokān samastāṃs tata ujjihīrṣuḥ[3] || 6.12 || indravajrā

prajñāvipakṣair hṛdi soparāge
kṣamāguṇaḥ kena dhṛtiṃ labheta |
guṇāguṇāvekṣaṇakātarākṣe
khyāto guṇair vīra iti kṣitīśe || 6.13 || upajāti (jāyā)

---

[1] nāpahṛtā-] K^{pc}, nāpadvitā- K^{ac}

[2] āmarśadoṣaiḥ] Sed.; āmarṣadoṣaiḥ K Fed. Med.

[3] ujjihīrṣuḥ] Fed. Med. Sed.; urjjihīrṣuḥ K, (Tib. *gdon mos pa*)

6.10 그런 다음에는
환한 빛의 원천인 경지[發光地]를 청정하게 한 후,
색계천과 이천, 삼천계에서뿐만 아니라
그 너머까지도 지배력을 얻게 됩니다.[9]

6.11 반야로써 [무명의] 어둠을 사르지 못한 이가
어떻게 계를 청정하게 할 수 있겠습니까.
반야를 결여했기에
취착(取着) 때문에 생긴 허물들에 의해
대부분의 (지)계가 혼탁해지기 때문입니다.[10]

6.12 반면에, 반야를 지닌 이가,
윤회라는 속박의 허물을 알고 난 후,
[윤회]로부터 세상 모든 이들을 구하고자 마음을 먹었을 때,
스스로를 위한 지계도 행하지 못한다면,
어찌 타인을 위한 [지계를 행할 수 있겠습니까?][11]

6.13 반야를 저해하는 [부덕]에 마음이 물들어 있는데,
어떻게 인욕의 덕이 확고해질 수 있겠습니까.
하물며 덕(德)과 부덕(不德)을 분별하는 데에
눈동자(판단)가 흔들리고 있는 왕에게,
그가 비록 '덕 있는 영웅(vīra)'이라고 세상에 알려져 있다 한들,
[어떻게 인욕의 덕이 확고해질 수 있겠습니까.]

prajñānvitānāṃ tu parāpakārāḥ
kṣamāguṇāḥ sthairyakarā[1] bhavanti |
bhadrātmakānām iva cāraṇānāṃ[2]
karmāśrayā naikavidhā viśeṣāḥ || 6.14 || upajāti (vāṇī)

niṣkevalaṃ vīryam api *śramāya *9r5
prajñāsanāthasya tu tasya kārye |
anuttaraḥ siddhiguṇo 'bhyudeti
hartā tadutthasya pariśramasya || 6.15 || upajāti

yasmāt paraṃ sūkṣmataraṃ na kiṃcid
yan naipuṇānāṃ paramaḥ prakarṣaḥ |
yat kāmadoṣādibhir āvṛtānāṃ
manaḥpathaṃ naiva kadācid eti || 6.16 || upajāti (bālā)

tad dhyānam ekāntasukhābhirāmaṃ
kathaṃ pravekṣyaty asatāṃ[3] manāṃsi |
sthūlāni doṣopaca*yair mahadbhiḥ *9r6
prajñotpathaṃ nyāyam ivāśritāni || 6.17 || upajāti (vāṇī)

---

[1] kṣamāguṇāḥ sthairyakarā] K Fed. Med., kṣamāguṇasthairyakarā Sed. (*em.*, Tib. *bzod pa'i yon tan yod pas gnod mi 'gyur*)

[2] cāraṇānāṃ] K, vāraṇānāṃ Fed. Med. Sed. (Tib. *dul ba'i*)

[3] pravekṣyaty asatāṃ] Sed. (Tib. *skye bo ma rabs yid la ji ltar 'grub*), pravekṣyaty asabhāṃ K, pravekṣyanty asatāṃ Fed. Med.

6.14 그러나, 반야를 갖춘 이들에게는
남이 가하는 해침조차도
오히려 그들을 강하게 만들어주는 인내의 덕이 됩니다.
마치 재능을 갖춘 배우[12]에게
다양하게 주어진 배역이 특별해지는 것과 같습니다.[13]

6.15 또한 [반야 없이] 오로지 정진[하는 건]
피로를 [낳을 뿐입니다.].
반야를 갖춘 이들의 행위에서는
그 [정진]으로부터 생긴 모든 극심한 피로마저 소멸시키는
위없이 뛰어난 성취의 공덕이 발생합니다.[14]

6.16-7 어떤 것보다도 가장 미묘하고
능숙한 수행자들의 지극한 경지이며,
욕망과 그로 인한 허물 등에 덮인 이들의
마음길에는 절대 머물지 않는
오로지 지극한 행복으로 충만한 그 선정(禪定)이,
어찌 진실하지 못한 자들의 마음에 들어가 닿을 수 있겠습니까?
수많은 허물의 집적으로 인해 거칠어진 [그들의 마음이],
반야에서 벗어난 그릇된 길을
마치 바른 도리인 양 따르고 있으니 말입니다.[15]

prajñānirudyogamater hi dṛṣṭir
nāyāti śuddhiṃ tadṛte na śīlaṃ |
samyaksamādhis tadṛte na labhyo
duḥkhakṣayas tadvirahāt tathaiva || 6.18 || indravajrā

prajñas tu doṣād bhayam īkṣamāṇaḥ
sukhānubaddhaṃ ca sukhaṃ guṇebhyaḥ |
vihāya doṣān jagadarthakāmo
guṇābhirāmeṇa pathā[1] prayāti || 6.19 || upajāti (buddhi)

samudyatas tena samādhim etya
prāpnoti vākkā*yamanoviśuddhīḥ | *9r7
ato ’navadyena balena yuktaḥ
pravartate lokahitodayeṣu || 6.20 || upajāti (ṛddhi)

dānena cābhīpsitabhūyasaiva
priyair adīnair vacanāmṛtaiś ca |
naiṣkāraṇorjasvalayā ca vṛttyā
parārthacaryāsu samaṃ samantāt || 6.21 || upajāti (ākhyānikī)

sāmānyam artheṣu ca darśayitvā
premṇā vaśīkṛtya manāṃsi teṣāṃ |
karoti nirvāṇasukhe pratiṣṭhāṃ
prajñāguṇāvyāhatadharmacakraḥ || 6.22 || upajāti (śālā)

---

[1] pathā] Fed. Med. Sed. (Tib. *lam du ’jug*); yathā K

6.18 실로 반야에 힘쓰지 않는 마음을 지닌 이의
식견은 청정해지지 못하며
그 [청정함]이 없으면 [완전한] 지계도 없고,
그 [지계]가 없으면 완전한 삼매에도 도달할 수 없으니,
바로 그처럼, [완전한 삼매]를 결여했다면,
고통도 소멸[시키지 못합니다].[16]

6.19 그러나, 반야가 있으면
허물의 위험을 살피면서도
[축적된] 공덕들로부터 [생겨난] 안락을 계속해 [경험하므로],
[지혜로써] 세간의 이익을 추구하는 이는
각종 허물에서 벗어나서
공덕의 기쁨이 가득한 길을 따라 나아갑니다.

6.20 그러한 준비를 갖춘 이는 삼매를 얻은 후,
신구의의 완전한 청정함에 이릅니다.
이로부터 결점없는 힘을 갖추어 되어,
[그는] 세상의 이익을 향해 움직입니다.[17]

6.21-2 그리고, 반야의 덕으로 법륜을 끊임없이 굴리는 이는
필요한 그 이상을 보시하는 것은 물론,
다정하며 고결한 감로의 말들로
타인에게 이익되는 행위에 관해서라면
어떤 이유도 없이 강력한 행동으로 두루 평등하게,
그리고 목표(지향점)가 동일하다는 것을 보이신 후에,
애정으로 그들의 마음을 다스려,
[그들을] 열반의 행복에 머물게 합니다.[18]

prajñā*purogaiś[1] ca balair amībhir *9v1
adhyāstitaṃ[2] nābhyupayātum īśā |
ajīvikādurgatimṛtyunindā-
śāradyadoṣāśrayaṇī bhayārtiḥ || 6.23 || upajāti

bhayāni sarvāṇi hi doṣajāni
prajñā na doṣaiḥ sahavāsam eti |
śaradvyapoḍhābhragavākṣapakṣā
bhā bhāskarasyeva tamaḥpratānaiḥ || 6.24 || iparītākhyānikī

sahasraraśmer udaye 'pi yāni
tamāṃsi rundhanti jagadgatāni |
nāmaikaśeṣāṇi karoti tāni
prajñāprabhāyāḥ prasaraprabhāvaḥ || 6.25 || upajāti

na tatra bhūyaḥ kara*ṇīyam asti *9v2
yatra prabhā sāvanatām[3] upaiti |
yugāntakālānalasaṃhṛte hi
loke na dagdhavyakathāḥ prathante || 6.26 || viparītākhyānikī

---

[1] prajñāpurogaiś] K Sed., prajñādyarogaiś Fed. Med.

[2] adhyāstitaṃ] Fed. Med. Sed., adhyāsitituṃ K

[3] prabhā sāvanatām] K, prabhāso balatām Fed., prabhā sā balatām Med. Sed. (*em.*)

6.23 반야에 수반하는 이러한 힘들을 갖춘 자에게
잘못된 생계수단, 악취(惡趣), 죽음, 비난, 소심과 같은
허물에서 비롯되는 공포와 고통이
절대 다가올 수 없습니다.[19]

6.24 실로 모든 위험은 허물의 산물이지만,
반야는 결코 이 허물과 공존하지 않기 때문입니다.
구름 한 점 없는 가을 [하늘]에
덩굴손도 닿을 수 없는 뚫린 둥근 격자 창을 통해
들어오는 햇빛이 어둠과는 [절대 공존할 수 없듯이].[20]

6.25 천 개의 빛줄기를 지닌 [하나의] 태양이 솟아 오를 때,
반야의 광명이 퍼져 나가는 위력은
온 세상을 뒤덮었던 어둠들을
단지 이름뿐인 것으로 만들어 버립니다.

6.26 그 [반야의] 빛이 태양시(太陽時) 자체가 되면,
그 반야의 빛은 [지는 일이 없이 항상하므로,]
그때는 더 이상 해야 할 것이 없습니다.
실로 말세(末世)에 멸망의 불길에 [온] 세상이 불타오를 때
더 이상 타야 할 것이 있다는 이야기가 전해지지 않기 때문입니다.[21]

jyotīṃṣi sarvāṇy api saṃhitāni
prajñāprabhāṃ[1] nālam athopayātuṃ |
atas tayā nāsti parātivṛddhir[2]
garīyasī vāparihāṇijātiḥ || 6.27 || upajāti (rāmā)

saṃpūrṇatāṃ yāti sukhena śikṣā
śīlāya cittapraśamāya caiva |
prajñābhiyuktasya yatas tato 'syāṃ
sarvābhisāreṇa parākrameta[3] || 6.28 || indravajrā

yā skandhadhātv*āyatanapravṛttau *9v3
satyāśrayā pratyayatāparīkṣā[4] |
kālatraye 'py eṣa samāsayuktyā
prajñāvatas tair[5] viṣayapraveśaḥ || 6.29 || indravajrā

kīrtiṃ vitanvanti jinātmajānāṃ
prajñāvadātāś caritapradeśāḥ |
guṇadviṣām apy atiduṣkuhāṇāṃ
romāñcitāvismayapāratantryāt[6] || 6.30 || upajāti (śālā)

---

[1] prajñāprabhāṃ] Fed. Med. Sed., prajñāprabhā K

[2] parātivṛddhir] Fed. Med., parāstivṛddhir K, parābhivṛddhir Sed. (Tib. *khe chen ... mchog*)

[3] parākrameta] Fed. Med. Sed., parākramet K (unmetric)

[4] pratyayatāparīkṣā] Sed., pratyayatā parīkṣā Fed. Med.

[5] prajñāvatas tair] K Sed., prajñāvadātair Fed. Med.

[6] romāñcitā-] Sed., romāñcitā Fed. Med.

6.27 세상 모든 별을 모은다고 해도
반야의 광명에는 비길 수 없습니다.
이 [반야의 광명]보다 더 수승한 것도,
그러므로 그것[반야]보다 더 뛰어난 것도,
더 위대한 것도 없으며,
소멸하는 성질을 가진 것도 없습니다.[22]

6.28 반야에 능숙해진 이는
[지]계는 물론 마음의 적멸을 위한
수학(修學, śikṣā)을 쉽게 완성합니다.
그렇기에 [보살은] 모든 수단을 갖추고
[혜]학을 향해 진격할 수 있습니다.[23]

6.29 반야를 갖춘 이에게
[오]온과 [십팔]계와 [십이]처의 작용에 관해
[네 가지] 진리에 기반을 두고, [십이]연기를 관찰한다는 것은
[세계가] 삼세에 걸쳐 [오온의] 집적[일 뿐이라는] 분석에 따라
각각의 대상을 통찰하는 것입니다.[24]

6.30 반야로 청정해진 행적(行蹟)들은
미덕을 거부하며 설득하기 어려운 이들에게까지도
승리자의 아들(보살)의 명성을 전하게 합니다.
털이 곤두서는 경이로움에 매료되기 때문입니다.

prajñābalaṃ dīptataraprabhāvaṃ
nālaṃ prasoḍhuṃ sabalo ’pi māraḥ |
prajñāṃśavo vibhramayanti ca*kṣur *9v4
na draṣṭum īśo hi yataḥ sa eva || 6.31 || indravajrā

kandarpanārācanipātasāhi
prajñāmayaṃ varma vitatya citte |
vyūḍhāni[1] rūpaprabhṛtīny anekāny
eko ’pi nirbhīr abhibhūya yāti || 6.32 || indravajrā

avīrasātmyaṃ[2] bhayaviklavaṃ vā
mūḍhocitaṃ śokaparigrahaṃ vā |
svalpātmacitteṣv avagāḍhamūlaṃ
roṣoparāgaṃ parijihmitaṃ vā || 6.33 || upajāti (kīrti)

dīneṣu kārpaṇyamalīmasatvaṃ
kṛtāspadaṃ *rāgiṣu cāpalaṃ vā | *9v5
tejovihīneṣv alasatvasattvaṃ
samuddhateṣv apraśamātmakatvam || 6.34 || ākhyānikī

tāṃs tāṃś ca līnān api doṣaleśān
pṛthagvidhiṣv āśrayagahvareṣu |
samudbhavanty eva parākaroti
prajñā pratijñeva jagaddhitārthā || 6.35 || upajāti (jāyā)

---

[1] vyuḍhāni] K Fed. Med., vyuhāni Sed. (Tib. *dmag*)
[2] avīra-] K Fed., adhīra- Med. Sed. (cf. Tib. *mi brtan*)

6.31 군대(bala)를 가진 마라(Māra)라고 할지라도
가장 빛나는 광휘를 지닌 지혜의 힘(bala)을 이길 수 없습니다.
반야의 빛의 파편들이 [마라의] 눈을 마비시키면,
이제 그는 [한치 앞도] 볼 수 없게 되기 때문입니다.[25]

6.32 카마신의 화살이 쏟아져도 거뜬한,
반야로 만든 갑옷으로 마음을 보호하고선,
혼자라 할지라도 두려움 없는(無畏) 한 그 [보살]은
전열을 갖춘 군대와 같은
색 등의 [오욕(五欲)]을 정복한 후 나아갑니다.[26]

6.33-5 유약한 이가 겁에 질리거나,[27]
어리석은 이가 번민에 사로잡히거나,
편협한 이들의 마음이 분노로 물들어 어찌할 줄 모르거나,
빈궁한 이들이 궁핍으로 인해 타락하거나,
열정이 넘친 이들이 오지랖을 떨거나,
열정이 없어 [무기력한] 이들이 게으름을 피우거나,
흥분한 이들이 침착하지 못하거나 하는
잠복되어 있는 각각 허물의 파편들이
(그러한 사람들의) 다양한 마음의 심연 속에서 일어날 때
세상을 이롭게 하고자 하는 서원과도 같은 반야가
바로 [이 허물들을] 제거합니다.

niveśya doṣakṣayavīrasaumyāṃ[1]
bhavyāya[2] tasyopari dṛṣṭilakṣmīm[3] |
svayaṃ munīndrair abhiṣicyate yat
prahlādinā vyā*karaṇāmṛtena || 6.36 || *9v6
upajāti (māyā)

ūrṇāprabhābhiś ca mahāmunīnāṃ
niśīthacandradyutihāsinībhiḥ |
yad ājyadhvārābhir[4] ivādhvarāgnir[5]
vibhāti mūrdhany abhiṣicyamānaḥ || 6.37 || upajāti (vāṇī)

avāpya yasmān muniyauvarājyaṃ
samaṃ samantād visṛtātmabhāvaḥ |
lokasya duḥkhaṃ praśamaty ayatnād
rajo mahāmegha iva pravṛṣṭaḥ[6] || 6.38 || upajāti (premā)

prajñāprabhāvopanataḥ sa sarvaḥ
prabhāvisāraḥ[7] sugatātmajānām |
ko vismayo *vātra sutapriyāyā *9v7
mātuḥ samīpād[8] yad iyaṃ vibhūtiḥ || 6.39 || upajāti (vāṇī)

---

[1] -vīra-] K Fed., -dhīra- Med. Sed. (*em.*), (Tib. brtan)

[2] bhavyāya] Sed., (Tib. *dga' bde *skyed phyir*), bhavāya K, bhavasya Fed. Sed.

[3] dṛṣṭilakṣmīm] Fed. Med. Sed., ḍṛṣṭilakṣmī K

[4] yad ājyadhārābhir] Sed., yadājyadhārābhir Fed. Med.

[5] ivādhvarāgnir] Fed. Med. Sed., ivādhvanāgnir K

[6] pravṛṣṭaḥ] Fed. Med. Sed. (Tib. *char gyi rgyun gyis*), praviṣṭaḥ K

[7] prabhāvisāraḥ] Fed. Med. Sed., prabhāviśāraḥ K

[8] samīpād] Sed. (= samīpāt K), samīyād Fed. Med.

6.36 기운을 북돋아 주는 수기(受記)라는 감로수로써
성자들의 왕이신 [붓다]들께서 직접 관정해주셨기에,
그의 [정수리] 너머에 계신 존귀한 분을 향하여
'허물을 없애는 영웅(= 정진)'에게는 [한없이] 다정한
'[바른] 견해라는 행운의 여신(= 반야)'을 안착시키고 나면[28]

6.37 그러면, 정수리에 [감로로써] 봉헌을 받은 그는
한밤의 달빛을 닮은 대현인들(= 붓다들)의
백호(白毫)에서 나오는 광휘로 빛나게 됩니다.
이는 마치 제의의 불이
[제단에 들이붓는] 정제된 기름의 줄기로
[빛나게 되는] 것과 같습니다.[29]

6.38 그는 현자의 법왕자(法王子)[의 단계 = 선혜지(善慧地)]에 도달한 후,
그의 몸은 평등하게 모든 곳에 나투게 되었기 때문에,
별다른 노력 없이도 세상의 고통을 잠재웁니다.
마치 쏟아져 내리는 거대한 비구름이
[온 세상의] 먼지를 [씻겨 잠재우는 것처럼].[30]

6.39 [마치] 자식을 사랑하는 어머니가 곁에 계시면
[자식에게] 이 놀라운 힘이 생기[듯],
지혜의 힘에 보호를 받고 있는 그의 모든 것에는
붓다의 아들들[= 보살들]의 광채가 가득합니다.
여기에 놀랄 바가 뭐가 있겠습니까![31]

daśaprakāro 'pi yadā munīnāṃ
tadāśrayād eva balaprakarṣaḥ |
udety asādhāraṇasundaraś ca
śeṣo 'py asaṃkhyo guṇaratnarāśiḥ || 6.40 || upajāti

śāstrāṇi cakṣuḥpratimāni loke
nidhānabhūtāṃś ca kalāviśeṣān |
mantrān paritrāṇakṛto vicitrān
dharmavyavasthāś ca pṛthagviśeṣāḥ || 6.41 || upajāti (vāṇī)

paryāyacitraṃ ca vimo*kṣamārgaṃ *10r1
tat tac ca lokasya hitopapādi |
yad bodhisattvāḥ pravidarśayanti
prajñāprabhāvābhyudayaḥ sa sarvaḥ || 6.42 || indravajrā

divyapratispardhibhir indriyārthair
narendrabhāve 'pi hi bodhisattvāḥ |
na yad virūpāṃ prakṛtiṃ vrajanti
prajñāguṇāmātyasanāthatā sā || 6.43 || upajāti (jāyā)

6.40 바로 그 [반야]를 기반으로 하여

현인들[= 보살들]에게 열 종류의 뛰어난 힘이 생겨나면

[미처 생겨나지 않았던] 나머지의

셀 수 없이 [많은] 비범하고도 숭고한,

공덕이란 보석의 광휘[까지도] 생겨납니다.[32]

6.41-2 [경전] 해설은 세상을 향한 눈과 같으며,

특별한 재주(kalā)는 보배가 됩니다.

각종 만트라는 [재앙과 불운으로부터 그를] 보호해 주며,

제각기 다른 [공덕은 모두] 다르마 위에 세워져 있습니다.

해탈의 길에는 다양한 방식이 있습니다.

그러나 그 각각은 [모두] 세상의 이익을 향해서 쓰입니다.

보살이 펼쳐 보이는 것이 무엇이든,

그것은 반야의 광휘에서 솟아오른 것들입니다.

6.43 실로 보살들은 왕의 지위에 있을 때조차도

신들의 것에 대적하는 감관의 대상에 의해서도

본성을 타락시키지 않았는데,

그것은 곧 반야라는 공덕을 갖춘

대신(大臣)을 스승으로 삼았기 때문입니다.[33]

paropakāraikarasā ca maitrī
rāgoparāgaprativarjitā ca |
parasya duḥkheṣu parā dayā ca
na śokabhārālasatāṃ gatā ca || 6.44 || upajāti

anuddhatatvaṃ mudite 'pi *citte *10r2
tamonirārambham upekṣitaṃ ca |
te te guṇāś cābhyadhikaṃ vibhānti
prajñāniruddhapratipakṣamārgāḥ || 6.45 || upajāti (mālā)

ko nāma lokasya parārthasādhur
duḥkhaikahetūni tamāṃsi hanyāt |
avyāhatājñānuśayāśayeṣu[1]
prajñā na cet syād atisūryadīptiḥ || 6.46 || inravajrā

tatprāptaye śrutam aśītivikalpacitraṃ
saṃceyam āśrayasahaṃ gurum abhyupetya |
dvātriṃśatā tad adhigamya vivarddhayeta
samyaṅ manaḥsamavadhā*nakṛtair viśeṣaiḥ || 6.47 || *10r3
vasantatilakā

[1] avyāhatājñānaśayāśayeṣu] Fed. Sed., avyāhatā jñānaśayāśayeṣu Med.

6.44-5 자애(慈愛)는 오직 남을 이롭게 하려는 일미(一味)를 가지며
욕망에 붉게 물들지 않습니다.
타인의 고통에 대한 지극한 연민(悲)은
슬픔의 무게에도 절대 무기력해지지 않습니다.
마음은 기쁠 때에도 침착함을 유지합니다.
평정심(捨)은 어리석음에 기대어
침울해지거나 무관심해지지 않습니다.
반야(般若)로써 대치되는 모든 번뇌의 길이
억제됨에 따라
이 각각의 덕목들은 눈부시게 빛을 내게 됩니다.[34]

6.46 만약 [세상 사람들의] 잠재적 기질과 성향에 맞춰
끊임없이 안내를 해주는
태양빛보다 빛나는 지혜가 없다면
타인을 위하는 훌륭한 이라고 한들,
[이] 세상에서 도대체 누가
고통이라는 단 하나의 원인에서 생겨난
[수많은] 어둠을 제거할 수 있겠습니까!

6.47 그러한 [반야를] 얻기 위해서는
귀의처가 되는 스승을 따른 후에,
여든 가지의 다양한 가르침을 모아 익혀야 합니다.
그리고 그 가르침을 서른두 가지 방식으로 체득한 뒤,
마음을 바르게 집중시키는 특별한 방식에 따라
그것을 더욱 증장시켜야만 합니다.[35]

alpaśruto ’ndha iva vetti na bhāvanāyā
mārgaṃ vicintayati kāni ca tadvihīnaḥ |
tasmāc chrutaṃ prati yateta tadāśrayā hi
prajñā samudbhavati cintanabhāvanābhyām || 6.48 || vasantatilakā

praśnair avigrahamukhaiś ca kathāviśeṣair
mīmāṃsayārthagativīkṣaṇayā svayaṃ ca |
prajñāvivṛddhim abhitaḥ prayateta nityaṃ
dhyānena tadguṇavivṛddhikareṇa caiva || 6.49 || vasantatilakā

prajñābhyu*pāyavidhir eṣa samāsatas tu *10r4
dhyānaṃ tadarthaniyataḥ śrutivistaraś ca |
tābhyāṃ samudbhavati hi prabhavo guṇānāṃ
prajñāprabhāsamudayo ’gnir ivāraṇībhyāṃ || 6.50 || vasantatilakā

6.48 적게 배운 이는, 마치 장님이 그러하듯, 수행의 길을 알지 못합니다.
그리고 그러한 [배움]이 없는 이가 무엇을 깊이 사유할 수 있겠습니까?
그러므로 반드시 배움에 힘써야 합니다.
실로 그 [배움]을 의지처로 삼는 지혜[= 문소성혜]는
사유와 수행을 통해 생겨나기 때문입니다.[36]

6.49 핵심을 벗어나지 않는 질문과
특정한 논의를 통해 (= 문소성혜)
깊게 관찰하고, [배운 것의] 의미를
스스로 탐구하면서 (= 사소성혜)
선정을 통해 그리고 바로 그 [지혜]의 공덕을
증장시킴으로써 (= 수소성혜)
모든 방법으로 지혜의 증장을 향하여
항상 노력해야만 합니다.[37]

6.50 반야를 얻기 위한 이러한 방편을 요약하자면,
[즉,] 넓게 배운 [의미]를 확정하고(聞思), 수행하는 것(修)입니다.
마치 불이 두 개의 부싯돌로부터 [일어나듯이]
실로 [모든] 공덕의 원천이 되는 지혜의 빛이
[聞思와 修]라는 이 두 가지로부터 일어납니다.

vidvajjanācaritamārgasamāśrayāc ca
sammohahetugahanāni vivarjayeta[1] |
tair āvṛto na hi vibhāty udayasthito ’pi
toyāvalambijaladāntaritaḥ śaśīva || 6.51 || vasantatilakā

ālasyajṛmbhitamatitvam asa*tsahāyā *10r5
nidrānuvṛttir[2] aviniścayaśīlatā ca |
jñāne muner iva kutūhalitānivṛttir
mithyābhimānaparisaṃkucitāś ca pṛcchāḥ || 6.52 || santatilakā

dainyena cātmaparitāpasamudbhavena
vidvajjanābhigamanādarakātaratvaṃ |
mithyāvikalpapaṭutā vitathā ca dṛṣṭir
mohāya tatpraśamanāya tu tadvipakṣāḥ || 6.53 || vasantatilakā

---

[1] vivarjayeta] Fed. Med. Sed., vivarjayet K (unmetric)
[2] nidrānuvṛttir] K Sed. (Tib. *gnyid kyi dbang gyur*), nidrānivṛttir Fed. Sed.

6.51 현명한 이들이 걸어온 길에 의지하여
미혹의 원인인 깊은 구덩이들을 피해가야만 합니다.
떠오르고 있는(udayasthitaḥ) 달이라 할지라도
마치 물을 한껏 머금은 비구름에 뒤덮여 있으면
빛날 수 없듯이(na vibhāti),
[불도에] 전진하고 있을지라도(udayasthitaḥ)
이같이 [미혹의 원인들]에 뒤덮여 있으면
결코 빛날 수 없기(na vibhāti) 때문입니다.[38]

6.52-3 나태로 인해 생겨난 흐리멍덩한 정신,
진실하지 못한 벗들과, 잠에 취한 몽롱함,
그리고 결정하지 못하는 습성,
현인의 지혜에 탐구심이 일어나지 않은 것,
삿된 아만으로 옹색해진 질문들,
자기집착에서 생겨난 고통으로 인한 위축되어
현자들에게 다가서는 노력을 두려워하는 비겁함,
그리고 헛된 분별이 날뛰는 공허한 식견,
이러한 것들은 모두 미혹으로 이끕니다.
그런, 그 [미혹]을 잠재우는 것은
[이들]과는 정반대인 것들입니다.

skandheṣu sāyatanadhātuṣu satyayuktau[1]
hetūdbhaveṣu śu*cayānavinirṇaye ca | *10r6
dharmeṣu kauśalam aśeṣata eva yac ca
prajñāprayogaviṣayo ’ṣṭavikalpa eṣaḥ || 6.54 || vasantatilakā

niḥsāraphenanicayair aviśeṣi rūpaṃ
tisro ’pi budbudalavā iva vedanāś ca |
saṃjñāpi kāmaguṇaviprasṛtān satṛṣṇān
bālān mṛgān iva vilobhayate marīciḥ || 6.55 || vasantatilakā

saṃskārajātir api tulyaguṇā kadalyā
vijñānato ’pi na ca yuktatarāsti māyā |
yanniśrayād bhramati nai*kavikalpaceṣṭaṃ *10r7
bhūtābhibhūtakuṇapapratimaṃ śarīraṃ || 6.56 || vasantatilakā

nātmā tadīyam api cātra na kiṃcid asti
saṃghāta eṣa vividhāśucisannidhānaḥ |
bālān pralambhayata eva ca sattvasaṃjñā
svacchandaceṣṭa iva yantravidhau suyukte || 6.57 || vasantatilakā

---

[1] satyayuktau] K Sed., satyayuktyo Fed., satyayuktyo<r> Med.

6.54 ① [오]온(skandha), ② [십이]처(āyatana),
③ [십팔]계(dhātu), ④ [사성]제(satya),
⑤ 이치(yukti)[= 연기], ⑥ 원인을 통한 발생,
⑦ 청정한 길에의 확신, ⑧ 법(dharma)들에 대한 완전한 능숙함,
이것은 반야를 수습하는
여덟 종류의 대상이 됩니다.[39]

6.55-6 색(色, rūpa)은 알맹이가 없는 기포 덩어리와 다를 바가 없으며,
세 종류의 수(受, vedanā)는 마치 거품의 파편과도 같으며,
신기루가 목이 마른(satṛṣṇa) 어린(bāla) 사슴들을 [홀리듯이]
상(想, saṃjñā) 또한 욕망의 대상에 휩쓸려
애착을 지닌(satṛṣṇa) 어리석은 이들(bāla)을 미혹하게 합니다.
행(行, saṃskāra)들도 [속이 빈] 바나나 줄기와 속성이 동일하며,
식(識, vijñāna)보다 환상에 부합하는 것도 없습니다.
귀신에 빙의된 시체처럼 신체가 여러 행위를 하며 배회하는 것도
그러한 [식]을 피난처로 삼기 때문입니다.[40]

6.57 이 [오온]에는 자아(ātman)나
그와 유사한 어떤 것도 없습니다.
이러한 집적은
다양한 불순한 것들의 집합[일 뿐입니다.]
마치 기계가 잘 만들어졌을 때
스스로 움직이는 것처럼 [보이듯이]
중생이라는 상(想)은 [자아가 있는 것마냥]
어리석은 이들을 속입니다.[41]

ātmā na cakṣur api ca kṣaṇabhaṅguratvāt
tadvan na cakṣuṣi na cātra yathaiva cakṣuḥ |
ādhyātmikāyatanaśeṣam aśeṣam evam
ātmīyavastuviṣayo ’pi[1] ca tadvivekī[2] || 6.58 || vasantatilakā

bāhye*ṣu dhātuṣu śarīrasamāśritānāṃ
nālpo ’pi lakṣaṇavirodhakṛto ’sti bhedaḥ |
vijñānadhātur api ca kṣaṇikaḥ sa nātmā
tasmāt paro ’pi ca nabhaḥkusumaiḥ samānaḥ || 6.59 || vasantatilakā

ity etad udbhavati kevalam eva duḥkhaṃ
tṛṣṇāvimuḍhamanaso vigamāt[3] tu tasyāḥ |
śāntiḥ parā bhavati tarṣaharas tu mārgaḥ
śīlaṃ samādhipariśuddhatayā ca dṛṣṭiḥ || 6.60 || vasantatilakā

---

[1] ātmīyavastuviṣayo ’pi] Fed. Med. Sed., ātmīyavastuviṣayapi K^{ac}, ātmīyavastuviṣaye pi K^{pc}

[2] tadvivekī] Fed. Med. Sed., tadviveki K

[3] vigamāt Fed. Med. Sed. (Tib. *dang bral na*), dhigamāt K

6.58 또한, 눈[안처] 역시 찰나찰나 생멸하기에
자아(ātman)가 아닙니다.
시각이 여기 [자아 안에] 없듯이,
[자아가] 눈 속에 있는 것도 아닙니다.
나머지 모든 내적감각의 영역(處, = 이비설신의)도 이와 같습니다.
마찬가지로 각각의 고유한 [외적]대상(外處, 색성향미촉법)도
[자아]와는 별개입니다.[42]

6.59 외적 영역(dhātu 界)들[= 육경(六境)]과
신체에 의존해 있는 것들[= 육근(六根)] 사이에는
[개개의] 특징에 모순을 일으키는 조그마한 차이조차 없습니다.
그리고 식계(= 육식(六識)) 또한 찰나적이기에,
이는 자아가 아닙니다.
더 나아가, [18계] 외의 것은
허공의 꽃과 같이 [존재하지 않습니다.][43]

6.60 그러므로, 탐착에 혼란해진 마음으로부터
이 모든 고통이 생겨납니다.
하지만 그 [탐착]을 제거함으로써
최고의 고요함이 일어납니다.
그리하면, 갈증이 없는 길과 [청정한] 계율,
그리고 선정을 통해 완전히 청정해진 식견이 [일어납니다.][44]

tat tat pratītya bhavatīti viśuddhadṛṣṭir
nāsty asti veti samupaiti sa naiva kaṃcit |
māyāmayaṃ jagad idaṃ *pratibhāti tasya *10v2
tasmāt sukhādiṣu bhavaty avikāradhīraḥ || 6.61 || vasantatilakā

āsīd bhaviṣyati ca yat tad apīdṛg[1] eva
kaḥ sambhavo yad asukhaṃ na bhaved bhavebhyaḥ |
evaṃ vyatītaviṣayeṣv api vītarāgo
naivābhinandati bhavāṃś ca bhaviṣyato 'pi || 6.62 || vasantatilakā

ākārabhedaparuṣe puruṣo 'parādhī
ko nāma gūḍhanakharasphuṭadṛṣṭacihne[2] |
tatpraiṣyavṛttikapaṭāny anucintya rajyed
viśvāsam eva ca yathocitam atra yāyāt || 6.63 || vasantatilakā

---

[1] apīdṛg] Fed. Med. Sed., aṣīdṛg K

[2] -dṛṣṭacihne] K Sed., -dṛṣṭicihne Fed. Sed.

6.61 ‘이것은 저것에 연하여 생겨나는구나’
라고 [살피는] 청정한 식견을 지닌 이는
‘이것이 있다. 혹은 없다’라고 [식으로]
어떤 것도 재단하지 않습니다.
그에게는 이 세상은 환영과 같이 비춰집니다.
그렇기 때문에, 그는 기쁨[이나 고통] 등에도
변함이 없이 [마음이] 확고해집니다.[45]

6.62 존재했던 것이면서[= 과거], 존재하게 될 것[= 미래]인 것은
바로 [연해서 생겨나는 연기]와 같은 것입니다.
어떻게 [이러한 상태]들로부터
불행이 생겨나지 않을 수 있겠습니까?
이와 같은 방식으로 이미 취착에서 벗어난 [보살]은
대상이 지나갔다 하더라도[= 과거], 존재하는 것들[= 현재]은 물론,
존재하게 될 것들[= 미래]에 대해서도 기뻐하지 않습니다.[46]

6.63 갖가지 형태의 위험이 도사리고 있다 해도,
날카로운 발톱을 감춘 짐승이 있다는
명백한 흔적이 드러나는 상황에서,
누가 감히 사냥에 나서지 않겠습니까?
먼저 앞장서는 하인들(정찰대)의 행적과 동정을
세심하게 살핀 뒤 그 뒤를 따르되,
이때에는 적절한 신뢰 또한 함께 가져야 합니다.[47]

evaṃ vimuktamatir a*py anukampakas tu *10v3

kleśāturaṃ jagad[1] anātham avekṣamāṇaḥ |

hīneṣu niṣpraṇayabuddhir udārabhāvān

nirvātum icchati na buddhaguṇān u labdhvā[2] || 6.64 || vasantatilakā

lokārthasādhanavidhāv asamartharūpaṃ

yānadvayaṃ samavadhūya sa pūrvam eva |

kāruṇyadeśitapatho munirājayānam

ātasthivān parahitaikarasasvabhāvam[3] || 6.65 || vasantatilakā

hīnociteṣu na matir namati praṇītā

saṃtiṣṭhate mahati nāmahatī kadā*cit | *10v4

saṃsyandate śucibhir eva śucisvabhāvaṃ

tulyais tathānyad api śāśvata eṣa yogaḥ || 6.66 || vasantatilakā

---

[1] kleśāturaṃ jagad] Sed., kleśāturajagad K (unmetric), kleśāntarajagad Fed. (unmetric), kleśāntaraṃ jagad Med.

[2] buddhaguṇān u labdhvā] K (buddhaguṇānulabdhvā Fed.), buddhaguṇān alabdhvā Med. Sed.

[3] parahitaikarasa-] Fed. Med. Sed., parihitaikarasa- K

6.64 이와 같이 깨우친 마음을 지닌다 하더라도,
그는 [여전히] 연민심을 가지고 있습니다.
번뇌에 시달리며 의지할 곳 없는 중생들을
굽어 살펴보시는 보살은,
저열한 경지에 마음을 두지 않고
고결한 마음가짐을 지녔기에,
비록 이미 붓다의 덕성을 갖추었음에도 불구하고
열반에 들기를 스스로 바라지 않습니다.[48]

6.65 세상에 도움을 줄 수 없는
두 가지 길(= 성문과 연각승)을 제일 먼저 떨쳐버리고 나서,
[보살도를 따르는 이는] 남을 돕고자 하는
오직 하나의 본래적 목적에 따라
현자들 중 최고인 분의 여정[= 대승]에 의지하여,
연민심이 이끄는 길을 갑니다.

6.66 고매한 마음은 저급한 것에 귀의하지 않습니다.
[반대로] 고매하지 못한 [마음]은
결코 위대함에 머물지 못합니다.
맑은 심성이 맑은 것과 어울리는 것처럼
여타의 것도 [자신과] 동일한 것들과 [어울립니다.]
이처럼 [같은 것끼리 어울리는] 이치는 변함없는 법입니다.

svapnopamāni vigaṇayya sukhāsukhāni
sammohadoṣakṛpaṇāṃ janatāṃ ca teṣu |
ātmārtha eva gurutāṃ[1] katham asya yāyād
vyāpārabhāram avadhūya parārtharamyam || 6.67 || vasantatilakā

yaḥ sarvalokahitakāraṇasarvaceṣṭas
tyaktvātmadṛṣṭiviṣayaṃ vitathābhimānam |
sarvatra śāntamatir advayamā*rgacārī *10v5
so 'tyadbhutaś carati nirvṛta[2] eva loke || 6.68 || vasantatilakā

prajñāviśuddhikaram uttamayānam etat
sarvajñatā tadudayā hi mahāmunīnām |
lokasya yā nayanatām iva saṃprayāti
dīptāṃśumaṇḍalatalotpatitā prabheva || 6.69 || vasantatilakā

saṃsāradoṣabharanirmathito 'pi naiva
prajñāvivecanatayā parikhidyate yaḥ |
nātmābhikhedaparivikla vatāṃ[3] sa yāti
yānasya buddhaguṇasaṃjananasya lo*ke || 6.70 || *10v6 vasantatilakā

---

[1] gurutāṃ] Fed. Med. Sed., gurutā K

[2] carati nivṛta] K Sed., caritanivṛta Fed. Med.

[3] nātmābhi -] Fed. Med. Sed., nāmnāpi K

6.67 행복도 고통도 마치 꿈과 같음을 살피고선,
그 [행복과 고통] 속에서 무지라는 허물로 인해
괴로워하는 사람들까지도 [살피고 난 후라면],
[보살이] 남을 도울 수 있는 즐거운 일들을 내버려 둔 채
어찌 오직 자신의 이익만을 중하게 여길 수 있겠습니까?

6.68 모든 행위를 온 세상을 이롭게 하기 위해 행하는 [보살은]
자아라는 [잘못된] 견해와 관련된 헛된 아만을 버린 뒤,
언제나 평정한 마음으로 불이(不二)의 길을 걷습니다.
적멸에 이른 상태에서도
[여전히] 세상에서 [세상을 위한] 행위를 하는
매우 놀라운 분이십니다.[49]

6.69 이 가장 뛰어난 길[= 대승]은 반야를 완전히 청정하게 합니다.
둥그런 태양의 표면에서 생겨나는 찬란한 빛이
마치 세상의 눈이 되어주는 것처럼
위대한 현자들의 전지성(全知性)이란
실로 그 [지혜]로부터 일어나기 때문입니다.

6.70 이 세계에서 붓다의 공덕을 일으키는 [대]승의 길을 가는 [보살은]
윤회의 허물이라는 무거운 짐에 시달리면서도,
반야로써 통찰하기에 결코 낙담하지 않으며,
아[견(我見)]으로 인해 풀이 죽거나 위축되는 일도 절대 없습니다.

paśyanti cādbhutamayaṃ sugataprabhāvaṃ
romāñcakañcukitasarvaśarīradeśāḥ |
tadgāminaṃ pariharanti ca yānamārgaṃ
kiṃ nāma kāraṇam ṛte śaṭhaceṣṭitebhyaḥ || 6.71 ||

ko nāma mārakalinānabhibhūtacetāḥ
saṃbuddhadharmaguṇaratnanidhānabhūtam |
sarvajñayānam apayānam anarthapaṅkād
ākroṣṭum arhati na cej jagatāsya[1] vairaṃ || 6.72 || vasantatilakā

lokārthasādhanapare jinarājavaṃśe
prajñānimīlitanayeṣu pariskhalatsu |
cittaṃ nara*sya karuṇāmṛdu kasya na syāt *10v7
tanmohadoṣaśamanāya[2] dṛḍhaṃ ca vīryam || 6.73 || vasantatilakā

---

[1] jagatāsya] Sed. (= jagatā asya K); jagato 'sya Fed. Med.

[2] -śamanāya] Fed. Med. Sed., -samanāya K

6.71 경이로움이 가득한 붓다의 위력을 [눈으로] 보고서
온몸의 털이 곤두서는 [전율을 느끼지만],
[그럼에도] 붓다에 이르는 [대]승의 길을 버리고 외면하니,
삿된 이들에게 선동된 것이 아니고서야
도대체 그 이유가 뭐가 있겠습니까!

6.72 악한 마라의 유혹에 굴하지 않는 마음을 지닌 사람이라면,
정등각자의 법이라는 보배를 간직하고 있으면서
온갖 불행의 진흙탕에서 벗어나게 해주는
일체지자의 큰 가르침[대승]을 헐뜯을 수 있겠습니까?
세상 모두를 적으로 삼으려 하지 않는 한 말입니다.

6.73 반야의 눈이 감긴 길 위에서
[사람들이] 비틀거리고 있거늘,
세상을 이롭도록 하는 것을 최종의 목표로 삼는
승리자의 가문에 속한 [사람이라면]
그 누구라도 마음이 연민심으로
온화해지지 않을 수 있겠습니까.
또한 [그에게는] 그들의 어리석음을 잠재우기 위한
확고한 용맹심이 [깃들어 있습니다.]

prajñāyā janayati yaḥ parāṃ viśuddhiṃ
nirmokṣaḥ katham iva tasya dūrataḥ syāt |
naivāsmāt parataram asti śīghram[1] anyat
tat tasmād bhajata vimokṣakāṅkṣiṇo hi || 6.74 || vasantatilakā

|| prajñāpāramitāsa[māsa]ś cāyaṃ pāramitāsamāsaḥ || 6 ||

---

[1] śīghram] K. śīlam Fed. Med., *omit*. Tib. Sed.

6.74 반야의 지고한 청정함을 이룬 이에게
해탈이 어찌 저 멀리 있는 것이겠습니까.
이보다 더 뛰어나고 빠른 건 아무것도 없습니다.
그렇기에 해탈하기를 원하는 여러분들은
이를 꼭 섬겨 행해야 합니다!

반야바라밀다 [가르침의] 요약[을 마치면서],
[육]바라밀다 [가르침의] 요약[을 마칩니다].

〚 주 〛

1 6.1] 보시, 지계, 인욕, 정진, 선정의 다섯 가지 바라밀다는 그 자체로도 훌륭한 성취이지만, 여섯 번째 바라밀다인 반야, 즉 지혜를 갖추게 되면 더욱 강력해진다. 게송은 황금으로 만들어져 반짝거리는 장신구에 보석까지 박히면 그 광채가 더욱 눈부시게 되는 것으로 이를 비유하고 있다. prajñā-sanāthāni와 pratyupta-ranta-dyuti-bhāsvarāṇi는 동격(samanādhikāraṇa)으로 표현되었지만, 수식해주는 주어인 puṇyāni/vibhūṣaṇāni의 특별한 조건을 표현하고 있으므로 번역은 그러한 점을 반영하였다.

2 6.2] 이 게송은 반야바라밀다와 다섯 바라밀다의 관계와 기능을 육근에 빗대어 설명한다. 육근 중에 오근(眼耳鼻舌)이 지닌 그 자체의 능력(sāmarthya)은 각각 색성향미촉(色聲香味觸)을 대상으로 삼는다. 눈은 보는 능력, 귀는 듣는 능력, 코는 냄새 맡는 능력, 몸은 촉각을 감지하는 능력을 발휘하지만, 의근(意根)이 함께 작용할 때 비로소 오근의 능력은 쓰임이 넓어지게 된다.

3 6.3] 동사원형 √bhā는 '빛나다, 그 모습을 드러내다'라는 뜻으로, 수명이 다해가는 순간에 감관이라는 각 기능들이 각각의 행위를 할 수 없는 것으로 드러나듯이(bhānti), 지혜가 없는 모든 행위는 세상에서 도움이 되는 것으로서 그 모습을 드러내 빛날 수 없다(bhānti)라고 게송의 의미를 직역하여 이해할 수 있다.

4 6.4] 6.2의 게송에서는 반야바라밀다의 중요성이 오근을 이끄는 의근(mana-indriya)에 비유되었지만, 이 게송에서는 번뇌를 끊고 해탈로 이끌게 하는 37조도품의 오근 중 지근(prajñā-indriya)에 비유되고 있다. Meadows가 언급하듯, 오[무루]근에 대한 설명은 1.31송에서도 볼 수 있다. 다섯 가지 [무루]근(五無漏根)은 신근(信根 śraddhendriya), 정진근(精進根 vīryendriya), 염근(念根 smṛtīndriya), 정진(定根 samādhīndriya), 혜근(慧根 prajñendriya)을 말한다.

5 6.5] 반야가 없으면 타인을 위한 진정한 보시를 행할 수 없다. 그러니 반야를 결여한 보시란, 자발적으로 행한 것이라고 할지라도 결국은 자신의 이익을 바라는 동기에서 출발한 것이라고 게송은 말한다. Pāda c의 3인칭 복수형 vadanti는 이 문헌 전반에 걸쳐, 깨달은 이들의 가르침을 전할 때 사용된다. 문맥상, "parārtha-tyāga(타인을 위해 자신의 것을 내놓는 것)이 '진정한 보시(dāna)'라고 [깨달은 이들은] 말씀하신다"라고 이해할 수 있는데, 티베트역도 동일한 문맥에서 mchog(최고의)이라는 단어를 넣어 의역하고 있다.

6 6.6] 보살은 자신의 희생에 대해 어떠한 분별로 일으키지 않기 때문에, 마음은 어떤 미동도 겪지 않는다. unnati과 avanati라는 명사는 둘 다 '고개를 숙이다.'라는 의미의 √nam에 위와 아래의 방향성을 지시하는 ut와 ava라는 접두사가 붙어 파생된 것이다. 완전하지 못해 요동치는 마음의 상태를 묘사하고 있는 이러한 표현은 3장의 25송(unnate cāvanate ca citte)에서도 찾아볼 수 있다. 바른 보시행을 약초나무(bhaṣajyavṛkṣa)에 비유하는 묘사는 1장의 8-9송을 참조.

7 본 게송의 기본적인 구문 구조는 sa bhūmiṃ prathamāṃ upaiti로, 주어는 pāda cd의 akrodhanaḥ로 prītisamṛddhacetāḥ(소유복합어)와 jagadarthacetāḥ(소유복합어)를 통해 수식되고 있다. 보살 십지 중 첫 번째 단계는 환희지(歡喜地, pramuditā-bhūmi)로, 마음

이 환희로 가득한(prītisamṛddhacetāḥ) 상태라는 표현은 일지에 도달한 이후에 관한 묘사이므로, pāda cd를 주어의 수식보다는 일지에 대한 구체적 묘사로 구문을 분리해서 번역하였다. 환희지에 대한 동일한 묘사는 『십지경』의 1장 참고.

8 6.8-9] 이 두 게송은 보살의 두 번째 단계인 무구지에 대한 묘사이다. 이에 대해서는 『십지경』의 2장의 무구지에 대한 기술을 참고해 볼 수 있다.

9 6.10] 이 게송은 보살십지 가운데 세 번째 경지인 발광지(發光地 prabhākarī-bhūmi)에 대해 묘사한다.

10 6.11] 이 게송부터는 지혜와 지계행의 관계를 구체적으로 기술한다. 지계행을 이룬 후, 취착(取著)을 제거함으로써 계의 완성을 향해 나아간다는 내용은 2장 52ab를 참조할 수 있다. 해당 부분에서 사본은 āmarṣa-라고 전한다. 구체적으로 āmarṣa는 조급함으로 인해 생기는 화나 분노, āmarśa는 접촉(touching)에 의한 집착이라는 의미로 이해했기 때문에, 지계와의 관계에서 parāmarśa와 동일한 의미로 쓰이는 āmarśa가 내용상 적합하다고 판단했다. Saito의 편집본도 지계장의 게송을 바탕으로 āmarśa로 교정했다. 2.52b의 해당 티베트역은 snyems(= āmarśa)이지만, 6.11d는 shes pa로 티베트역 되었는데, 이는 오역으로 보인다.

11 6.12] 이전 게송이 지계행에 지혜가 필요한 이유에 대해 말했다면, 이 게송은 반대로 지혜를 갖추고 있는 이라고 할지라도 자신을 위해서 행해야 하는 계조차도 제대로 지키지 못한다면, 보살행의 궁극적 목표인 이타를 위해서 어찌 계를 지킬 수 있는지를 반문하고 있다. 실천은 작은 것에서부터 시작함을 강조한다.

12 6.14 *cāraṇānām*] 이전 두 개의 교정본 vāraṇāṇāṃ은 사본의 리딩인 cāraṇānāṃ을 잘못 읽은 것으로 보이며, 본 게송의 티베트역도 그를 따른다. va와 ca의 형태는 매우 유사하기도 하지만, 이 부분의 ca는 va와 확연히 구분가능하다. cāraṇa는 유랑배우, 가수, 궁정시인, 그리고 스파이 등을 의미하기 때문에 이러한 비유가 코끼리(vāraṇa)보다 게송의 전반부와 보다 자연스럽게 상응한다고 파악했다.

13 6.14] 보살지 등에서는 kṣānti의 세 가지 종류를 언급한다. ① 다른 이들로부터 당하는 해를 용서하고 수용하는 인욕, ② 고(苦) 등을 견디는 인욕, ③ 법을 관찰하여 [그에 대해] 확신하는 인욕이다. 이 게송은 이 중 첫 번째에 대해서 이야기하고 있다. 티베트역에 따른 Saito의 교정(kṣamāguṇasthairyakarāḥ)은 분명 문장을 보다 쉽게 이해하도록 만들어준다. '다른 이들의 공격/다른 이들이 끼치는 피해(parāpakāra)'가 주어인데, 이것이 '인내의 속성(kṣamāguṇa)'을 확고하게 만드는 것이라는 구조가 되려면, kṣamāguṇa가 복합어로 표현되는 게 이해에 용이하다. 또 다른 교정 가능성으로 사본의 kṣamāguṇāḥ를 kṣamāguṇān으로 바꿔 sthairyakarāḥ에만 해당하는 목적어로 바꿔볼 수도 있을 듯하다. 하지만 본고는 사본의 리딩을 그대로 따라 parāpakāra가 kṣamāguṇa로 변하게 된다는 기본 골격에서 sthairyakara가 kṣamāguṇa를 수식하는 것으로 해석했다. 세 가지 kṣānti에 대한 구체적인 서술은 『보살지』와 『대승집학보살학론』 등을 참조할 수 있다.

14 6.15] 이 게송은 정진행에 반야의 필요성에 대해 설명한다. 반야가 없는 정진은 피로만을 가져올 뿐이지만, 반야를 갖춘 정진바라밀다는 정진으로 생긴 피로를 없애는 것은 물론 위없는 최고의 성취를 이루도록 한다.

15 6.16-7] 이 두 게송에서는 정진행과 반야의 관계에 대해 설명한다. 사본의 asabhāṃ이라는 읽기는 본 사본 서체의 ta와 bha의 유사성 때문에 asatāṃ을 오사한 것으로 판단했다.

16 6.18] 본 게송은 반야-지계-선정의 유기적인 필요성과 관련성을 압축한다. 첫 번째 구(pādaña)의 prajñānirudyoga('지혜에 힘쓰지 않는')는 반야(prajñā)의 부재를 말하는 것이지만 동시에 정진(vīrya)의 측면도 함축하고 있다고 이해했다. 다시 말해, 본 게송은 이전 게송들의 어조와 동일하게 반야바라밀다가 여타 바라밀다행과 어떻게 긴밀하게 연결되어 있는지를 보여준다. 문법적 구조는, "A(지혜)가 없을 때, B(청정)에 이르지 못하고, B(청정)가 없을 때 C(지계)에 가지 못하고, C(지계)가 없을 때, D(선정)가 달성되지 않고, D(선정)가 없으므로, E(고의 소멸 = 열반)의 달성 또한 없다"라는 방식으로 파악된다. 즉, 그 시작점으로서 지혜의 중요성이 강조된다.

17 6.20] 앞의 게송과 연결선상에서 '공덕을 축적한 자'라는 의미에서 samudyatas tena(-guṇopacayena)로 이해. 해당 티베트역 yang dag rtog pas는 범본과는 상이하다.

18 6.21-2] 게송 20-21에서 네 가지 종류의 사섭법(四攝法 saṃgrahavastu)이 언급된다. 보살 이 중생에게 다가가 그들을 구제하기 위해 쓰는 구체적인 네 가지 방식은 보시(布施 dāna), 다정한 말(愛語 priyavacana/priya-vadyatā), 돕는 행위(利行 artha-kriyā), 함께 함(同事 samānārtha)이다. 이와 관련해 Meadows(p.20)는 앞의 세 가지 항목은 논란의 여지가 없지만, 네 번째의 경우는 그 해석이 변화되어 왔을 가능성에 대해서 논의한다. 예를 들면 『보살지』와 『대승장엄경론』에서는 사섭법의 네 번째가 samānārthatā yatra paraṃ samādāpayati tatra svayam anuvṛttiḥ('동일한 목적을 지닌 상태'는 타인을 고무/격려하려고 할 때, 그에 맞게 스스로 행동하는 것이다.)로 보살이 선행으로 말미암아 스스로 모범이 됨으로써 중생이 이를 따를 수 있도록 고무시키는 것으로 그 의미가 변화되었다고 논의한다.

19 6.23] 반야에 수반해 따라오는 각종 힘(문맥상 사섭법 등과 같은 능력)이 향상하게 된다면, 생활의 어려움, 인간이 아닌 하등한 존재로 태어나는 일, [예기치 않은] 죽음이나, 남들로부터의 비난이나 오해, 소심함 등을 일으키는 두려움이 그에게 다가올 수 없게 된다고 설해진다. Meadows(p.320)가 짧게 언급하듯이, 여기서 설명되는 각종 두려움의 종류는 『십지경』에서 초지보살에 관한 기술에서 언급된다. śaradya(BHS)는 구체적으로 parṣacchāradyabhaya(대중 앞에서 소심/겁먹음/부끄러움 ↔ vaiśāradya)라고 기술된다.; 문법적인 측면에서는 최종술어인 īśā에 두 개의 부정사(tumannanta)가 연결사 ca없이 나오는 것이 구문상 어색하다고 판단해, [지혜를] 갖춘 자(adhyāstitaṃ)로 교정한 이전 편집본에 따라 번역했다.

20 6.24] 반야와 두려움이 공존하지 못하는 이유를 태양빛과 어둠에 비유를 하는 게송이다. 여기에는 또 다시 돌출된 격자창이 있는 건물벽에는 덩굴손이 달릴 수 없다는 이미지를 중첩시켜 이중으로 비유를 하고 있다.

21 6.26b *prabhā sāvanatām*] 기존 에디션은 prabhā sā balatām upaiti로 교정하여 '그 [지혜]의 빛이 힘을 갖게 되면'이라고 이해했고, Saito는 티베트역 shes rab 'od chen shar gyur pa가 prabhāso balatām에 가깝다고 기록한다. 사본 자체의 리딩을 Meadows의 띄어쓰기와 다르게 읽어보자면, '반야의 빛이 sāvana의 상태에 이르게 된다면(X Y-tāṃ upaiti = X가 Y가 된다)'이라고 이해할 수 있는데, sāvana는 태양력에 따른 일, 월, 년이라는 단위를 지닌 태양력을 의미할 수 있다. 그러므로, 본 게송을 지혜의 빛이 뜨고 지는 상태가 아니라 완전하게 모든 시간을 세는 기준이 된다면, 즉 모든 시간이 되어 항상하는 것이 된다는 의미로 파악하는 게 비유에 더 적합하다고 판단했다.

22 6.27] 반야의 광명은 하늘의 모든 별들을 모은 것보다도 밝다고 비유한다. 그보다 더 뛰

어나거나(parā) [빛의 밝기가] 커지는(ativṛddhiḥ) 일이 없으며 중대한(garīyasī) 것도 없다. 그러나 동시에 소멸이라는 본성을 떠나 있지도 않다(aparihāṇijātiḥ)고 설명한다.

23 6.28] 본 게송은 반야의 중요성을 삼학(三學)의 관점에서 기술한다. 게송은 증상혜학(增上慧學)/혜학을 능숙하게 한 이는 증상계학(增上戒學)/계학과 증상심학(增上心學)/정학 또한 쉽게 이룰 수 있다고 말한다. Meadows(p.320)도 설명하듯이, 'sarvābhisāreṇa'에서 abhisāra는 전쟁을 치르기 위한 군대(보병, 기병, 전차부대, 코끼리부대)를 지칭하는 말로, 이는 동사 parā√kram(향해 출정하다. 전진하다)와 함께 사용되어 웅장한 이미지를 그리고 있다.

24 6.29] 지시대명사 tayā를 samāsayuktyā와 연결하여 번역하였다. Meadows의 경우는 prajñāvatas tair를 prajñāvadātair로 교정했는데, 이는 본 송과 다음 게송의 티베트역에 근거한 듯하다.

25 6.31] Māra는 보통 사랑의 신인 카마(Kāma)를 지칭한다. 그는 욕망을 일으키는 존재로, Meadows는 번뇌(kleśa)를 뜻한다고 본 작품의 5.74의 내용에 기반해 설명한다.

26 6.32c vyūḍhāni] Saito 편집본은 티베트역 dmag을 기반으로 vyūhāni로 vyūḍhāni를 교정했다. 갑옷(varman)에 대항하는 비유로서 카마신의 군대를 오욕으로 표현하는 것을 적절하나, vyūḍhāni에 '(군대가) 진영을 잘 갖춘'이라는 뜻이 있으므로, vyūhāni라고 교정하지 않아도 동일한 의미를 벗어나지 않는 것으로 판단했다.

27 6.33a *avīrasātmyam*] 기존 편집본은 avīrasātmyaṃ를 adhīrasātmyaṃ으로 교정. 이 리딩은 티베트역에 의해서도 지지를 받는다. 물론 사본의 리딩인 vī가 dhī의 글자 유사성으로 인해 생겨난 오기(誤記)로 판단해 볼 수도 있다. adhīra-는 '굳건함이 없는 상태', avīra는 '사내답지 못한, 영웅/남편/아들이 없는 상태'를 뜻하는데, 두 단어 모두 전체적인 문맥에서 벗어나지 않는다고 볼 수도 있다. 하지만, 엄밀히 말해자면, a-dhīra는 '굳건함이 없어 변덕스러운 상태'를 지칭하여 bhaya(두려움)과 관련짓기에는 avīra보다 의미상 관련성이 약하다고 봐서 avīra-라는 읽기에 기반해 번역하였다.

28 6.36] Meadows는 이 게송이 정각을 이른 붓다들의 회중으로부터 봉헌을 받게 되는 보살의 열 번째 단계(十地, 법운지, dharmameghabhūmi)를 설명하는 게송으로 설명한다. 기존 편집본은 사본의 vīra를 티베트역에 따라 dhīra로 교정하는데, v와 dh의 서체상의 유사성에 따라 오사된 것으로 판단할 수 있다는 점에 근거한 듯하다. 그러나, 풍요와 승리의 여신으로 잘 알려진 락슈미(lakṣmī)는 영웅(vīra)의 부인을 인격화할 때 자주 사용되며, 이로써 강력한 국왕 혹은 국가의 힘을 상징하기 때문에, vīra와 lakṣmī라는 단어 사이에 인도적 맥락을 감안하여 사본의 리딩이 개악이 아니라고 판단했다. 더하자면, 이 게송의 내용은 실질적으로 현재 아홉 번째 단계(선혜지, sādhumatī-bhūmi)를 완성한 후 십지에 들어선 상태에 대한 설명임을 dṛṣṭilakṣmī라는 용어에서 유추할 수 있다.

29 6.37c *yat*] yat는 'since, because'라는 뜻의 불변화사로 이해. 이 게송은 인도 제식에서 정제된 기름을 제단에 넣어 제단에 성스러운 불을 피워오르게 하는 것처럼, 보살의 십지를 향해가는 이는 붓다들의 수기를 받게 되기 때문에 그도 또한 붓다들과 같이 빛나게 된다는 점을 비유하고 있다.

30 6.38] 이 게송에서는 muniyauvarājya라고 보살의 아홉 번째 단계(九地, 선혜지 sādhumati-bhūmi)를 특정하는 단어를 사용한다. mahāmegha(거대한 구름)란 표현에는 이미 비가 곧 내릴 상태라는 것이 암시되어 있다. 그러므로, praviṣṭaḥ를 사본의 리딩 그대로 '하늘에 들어선/모습을 나타낸'이라는 의미보다 기존 에디션이 택한 것처럼 직접적으로 '비내

리는(pravṛṣṭa)'이라는 의미로 교정하는 것도 가능하다. 이 경우를 감안하여 '[씻겨]'를 삽입하여 번역하였다.

31 6.39] 이 게송은 반야(prajñā, 여성형 명사)를 어머니(mātṛ)로서 설명한다. 자식을 사랑하는 어머니가 곁에 계시기 때문에 그 자식들이 더욱 놀라운 힘을 발휘할 수 있는 것처럼, 어머니인 반야의 보호를 받고 있는 이들은 보살의 경지에 이르러 그 광휘를 얻게 된다는 점을 말한다.

32 6.40] 십지의 단계에 들어선 보살에게는 이제 남은 모든 공덕이 일어나게 됨을 묘사한다.

33 6.43] 보살들이 과거 생에 왕이었을 때, 신들처럼 감관을 즐겁게 할 수 있는 부와 권력, 명예 등의 대상들이 가득했음에도 불구하고, 그들의 본성 자체는 변하지 않았다는 점을 노래한다. 그리고 그럴 수 있었던 데에는 지혜를 갖춘 대신이 그를 보좌했기 때문이라고 덧붙인다. 다시 말해, 정의로운 왕에게 반드시 필요한 존재인 훌륭한 대신을 지혜에 빗대로 있다.

34 6.44-5] 이 두 게송은 자비희사(慈悲喜捨)의 사무량심(四無量心)과 지혜의 관계에 대해서 말한다. 먼저 각각의 상태가 지니는 특징을 이야기한 후에, 이러한 네 가지 상태의 마음이 강력하게 일어나기 위해서는 각각의 요소에 반대되는 상태를 반야를 이용해서 일어나지 않도록 막아야 한다는 점을 강조한다.

35 6.47] Meadows(p.323)는 본 게송이 삼혜(śrutamayī-prajñā, cintāmayī-prajñā, bhāvanāmayī-prajñā)의 세 단계를 압축하고 있다고 설명한다.

36 이 게송은 삼혜 가운데 문소성혜(聞所成慧 śrutamayī-prajñā)를 강조한다.

37 6.49] 본 게송은 삼혜(즉, 문소성혜, 사소성혜, 수소성혜)의 각각을 증장하기 위한 구체적인 방법을 설한다

38 6.51] 모든 불보살과 성인들이 걸었던 길을 따르는 것이기에 바라밀다 수행은 길을 가다 만날 수 있는 위험한 여러 가지 구덩이와 함정을 빠져나갈 수 있도록 도와준다. 이렇듯, 본 게송은 수행 과정에서 진전(udaya)을 보이기 시작할 때, 성현들의 가르침에 의지함으로써 함정을 피하고, 종국에 빛날 수 있다는 점을 비구름에 가려서 빛나지 못한 채 떠오르는(udaya) 달에 비유하고 있다.

39 6.54] (Cf. Meadowsp.324) 이 여덟 가지 목록의 출처를 다음에서 찾을 수 있다. *Akṣayamatinirdeśasūtra* : tatra katamaḥ prajñāyā viṣayaḥ? tad yathāṣṭau dharmakauśalyāni. tatra katamāny aṣṭau dharmakauśalyāni? tadyathā skandhakauśalyaṃ; dhātukauśalyam; āyatanakauśalyaṃ; satyakauśalyaṃ; pratītyasamutpādakauśalyaṃ; trikālakauśalyaṃ; sarvayānakauśalyaṃ; sarvadharmakauśalyam. 이와 같다면, yukti는 pratītyasamutpāda에, hetūdbhava는 trikāla에 상응하는 것으로 이해할 수 있다.

40 6.55-6] 세 종류의 수(vedanā)는 ① duḥkha-vedanā (苦受), ② sukha-vedanā(樂受), ③ aduḥkhāsukha-vedanā (不苦不樂受)를 지칭한다.

41 6.55-7] 6.55송에서 57송까지는 지혜를 닦기 위해 수습하는 여덟 가지의 대상 중 오온에 대한 능숙함(skandha-kuśala)이라는 반야수습의 경계에 대해 설명한다.

42 6.58] 본 게송은 54송에서 언급한 반야를 닦기 위해 수습하는 여덟 가지의 대상 중 십이처의 능숙함에 대해 설명한다.

43 이 게송은 반야수습의 대상으로서 dhātu-kauśala(18계에 대한 능숙함)에 대한 설명이다.

44 6.60] 이 게송은 수습의 여덟 가지 대상 중 사성제에 대한 능숙함(satya-kuśala)에 대한

것으로, 전반부는 혜학, 후반부는 계학과 정학에 대한 설명으로 보인다.

45 6.61] 본 게송은 54송에서 설명된 반야수습을 위한 여덟 가지 대상 중 '이치(yukti)'라고 표현된 12연기에 대한 능숙함을 키워야 함을 상세히 설명한다

46 6.62] 본 게송은 반야수습을 위한 여덟 가지 대상 중 54송에서 언급된 '원인에 따른 발생에 대한 능숙함(hetūdbhava-kuśala)'에 대해 논한다. 게송의 내용은 이러한 능숙함이 과거, 현재, 미래의 삼세에 대한 통달을 의미한다고 설명한다

47 6.63] Meadows는 54송에서 언급된 반야수습의 여덟 가지 숙고 대상에 이 게송의 내용이 포함되지 않았다고 지적한다. 하지만 본 게송의 내용은 '선지자를 통해 바른 길을 숙고하고 그를 의지처로 삼아야 한다'는 내용을 이야기하고 있으므로, 내용상 일곱 번째의 '청정한 길에 대한 확신(śucayāna-vinirṇaya)'에 대한 내용으로 여기서 말하는 '위험한 길'이란 비불교의 길을 뜻하는 것으로 파악해 볼 수 있다.

48 6.64d *buddhaguṇān u labdhvā*] 열반의 속성을 모두 갖추었음에도 중생구제를 위해 열반에 들어가지 않는 대승보살의 위대함에 대해 노래하는 게송이다. 문맥상 사본의 리딩 중 u를 강조의 불변화사로 해석하였다. 티베트역은 '모든 이를 지고의 깨달음에 올려놓지 않고서는 'thams cad byang chub mchog la ma bkod du(= *nāropya)'라고 사역형 의미의 동사를 써서 직역보다 의역을 하고 있는 것으로 보인다. 하지만, 기존 에디션의 alabdhvā라는 읽기의 목적격인 buddhaguṇa는 보살이 지닌 것을 지시하는 대상이 되므로, '보살이 붓다의 속성을 얻지 않은 후에'라는 뜻이 되어 버려, 최종적 행위인 '의도적으로 열반에 들지 않는다'와 의미가 통하지 않는다고 파악했다.

49 6.68] 이 게송은 무지에서 벗어나 적멸을 얻었음에도 최종적인 열반에 들지 않은 채 이타행을 하는 보살의 매우 위대하며 놀라운(atyadbhuta) 측면에 대해 노래한다.

참고문헌

안성두 역주 (2021). 『성문지: 불제자들의 수행도』, 서울: 세창출판사.

佐藤誠司(1991), 「Ārya Śūra作『波羅蜜の要約(Pāramitāsamāsa)』第1章和訳」『論集』18: 1-16.

Delhey, Martin (2015). “The Library at the East Indian Buddhist Monastery of Vikramaśīla: An Attempt to Identify its Himalayan Remains”, *Manuscript cultures*, 8: 3–24.

Ferrari, Alfonsa (1946). Il “Compendio delle Perfezioni” di Āryaśūra [The "Compendium of Perfections" by Āryaśūra]. *Annali Lateranensi* 10. Città del Vaticano (Vatican City).

Kern, Hendrik (1891). *The Jātaka-Mālā or Bodhisattvāvadāna-Mālā by Ārya-çūra.* Boston: Ginn and Company (Harvard Oriental Series, 1)

Kudo, Noriyuki (2013). “A Newly Identified Manuscript of the Pāramitāsamāsa in the Gilgit Buddhist Manuscripts”, *ARIRIAB* XVI (2013), (The International Research Institute for Advanced Buddhology, Soka University, Japan), 255-266.

La Vallée Poussin, Louis de (ed.) (1901-1914). *Bodhicaryāvatāra, Pañjikā.* Calcutta: Asiatic Society of Bengal (Bibliotheca Indica).

Lee, Youngjin (2017). *Critical Edition of the First Abhisamaya of the Commentary on the Prajñāpāramitā Sūtra in 25,000 Lines by Ārya-Vimuktiṣeṇa, based on Two Sanskrit Manuscripts preserved in Nepal and Tibet*, MANUSCRIPTA BUDDHICA 3, Napoli: Università degli Studi di Napoli L’Orientale, 2017.

Meadows, Carol (1986). *Ārya-śūra’s Compendium of the Perfections: Text. Translation and analysis of the Pāramitāsamāsa* (Indica et

Tibetica 8), Bonn: Indica et Tibetica Verlag.

Saito, Naoki (2005). *Das Kompendium Der Moralischen Vollkommenheiten by Āryaśūra, Vairocana and Vairocanarakṣitas Tibetische Übertragung Von Āryaśūras Pāramitāsamāsa Samt Neuausgabe Des Sanskrittextes.* (Indica et Tibetica 38), Marburg: Indica et Tibetica Verlag.

Speijer, Jacob Samuel (1886). *Sanskrit Syntax*. Leyden: E. J. Brill.

Tucci, Giuseppe (1932). "Asaṅga's Commentary on the Abhisamayālaṅkāra." *Journal of the Royal Asiatic Society of Great Britain and Ireland*, July 1932.

Vaidya, P. L. (1959). *Jātakamālā.* Darbhanga: Mithila Institute (Buddhist Sanskrit Texts, 21).

Wogihara, Unrai (1932-1935). *Abhisamayālaṃkārālokā Prajñāpāramitā-vyākhyā*. Tokyo: Sankibo (Reprinted in 1973)

Pāramitāsamāsa

바라밀다 가르침의 요약

초판 발행 2025년 12월 10일

지은이 아리야슈라
옮긴이 방정란
펴낸이 김성배

책임편집 신은미
디자인 송성용, 엄해정
제작 김문갑

발행처 도서출판 씨아이알
출판등록 제2-3285호(2001년 3월 19일)
주소 (04626) 서울특별시 중구 필동로8길 43(예장동 1-151)
전화 (02) 2275-8603(대표) | **팩스** (02) 2265-9394
홈페이지 www.circom.co.kr

ISBN 979-11-6856-358-2 93220